Fantasyland Edi

Die fantastische Welt der Feen

Entspannendes Malbuch für Mythologie-Liebhaber

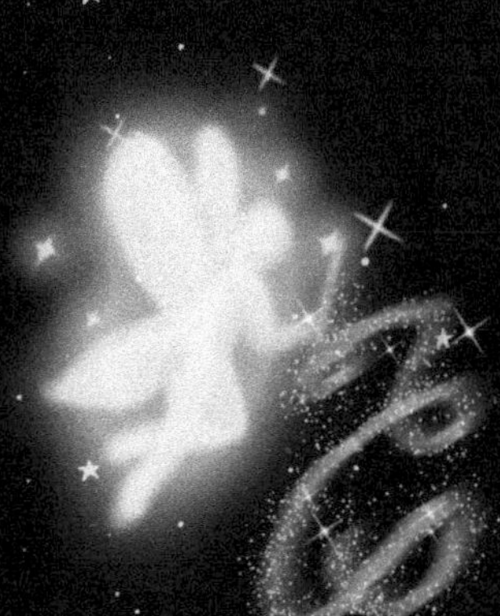

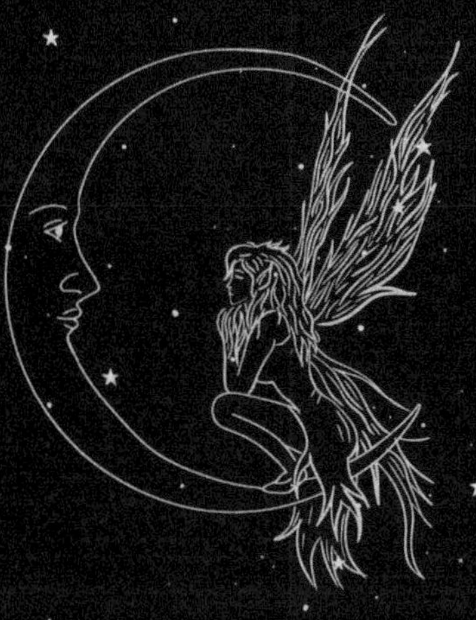

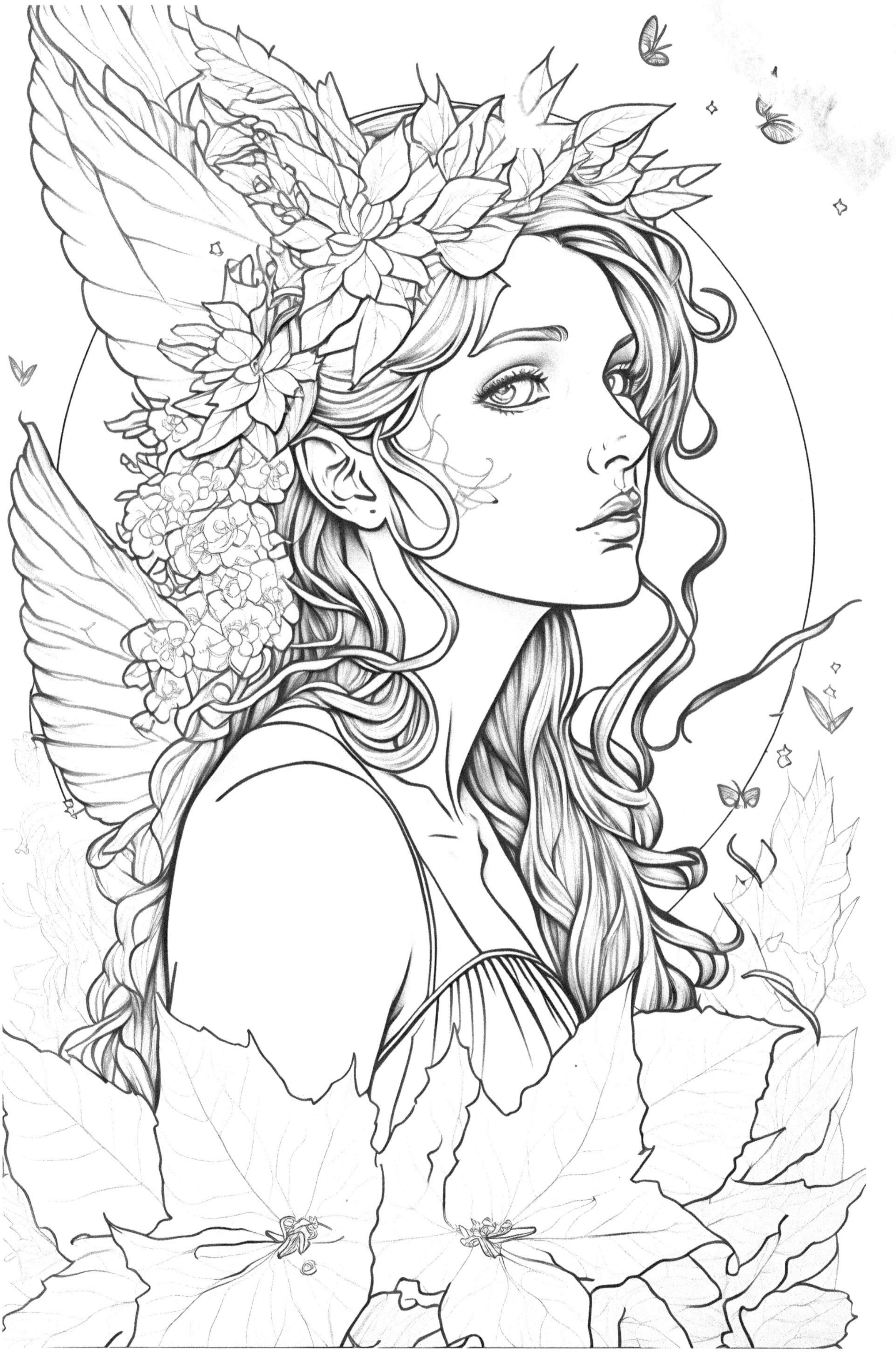

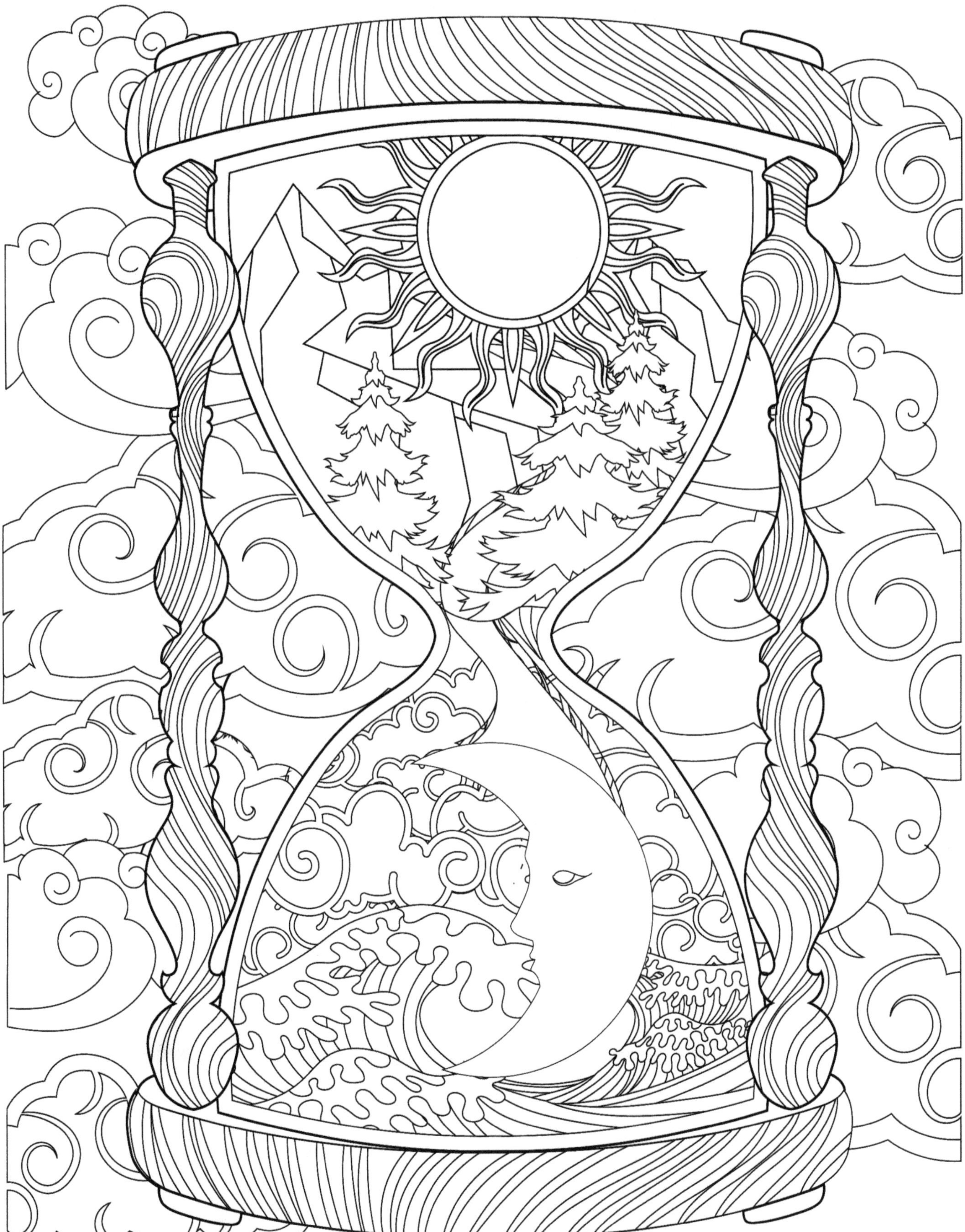

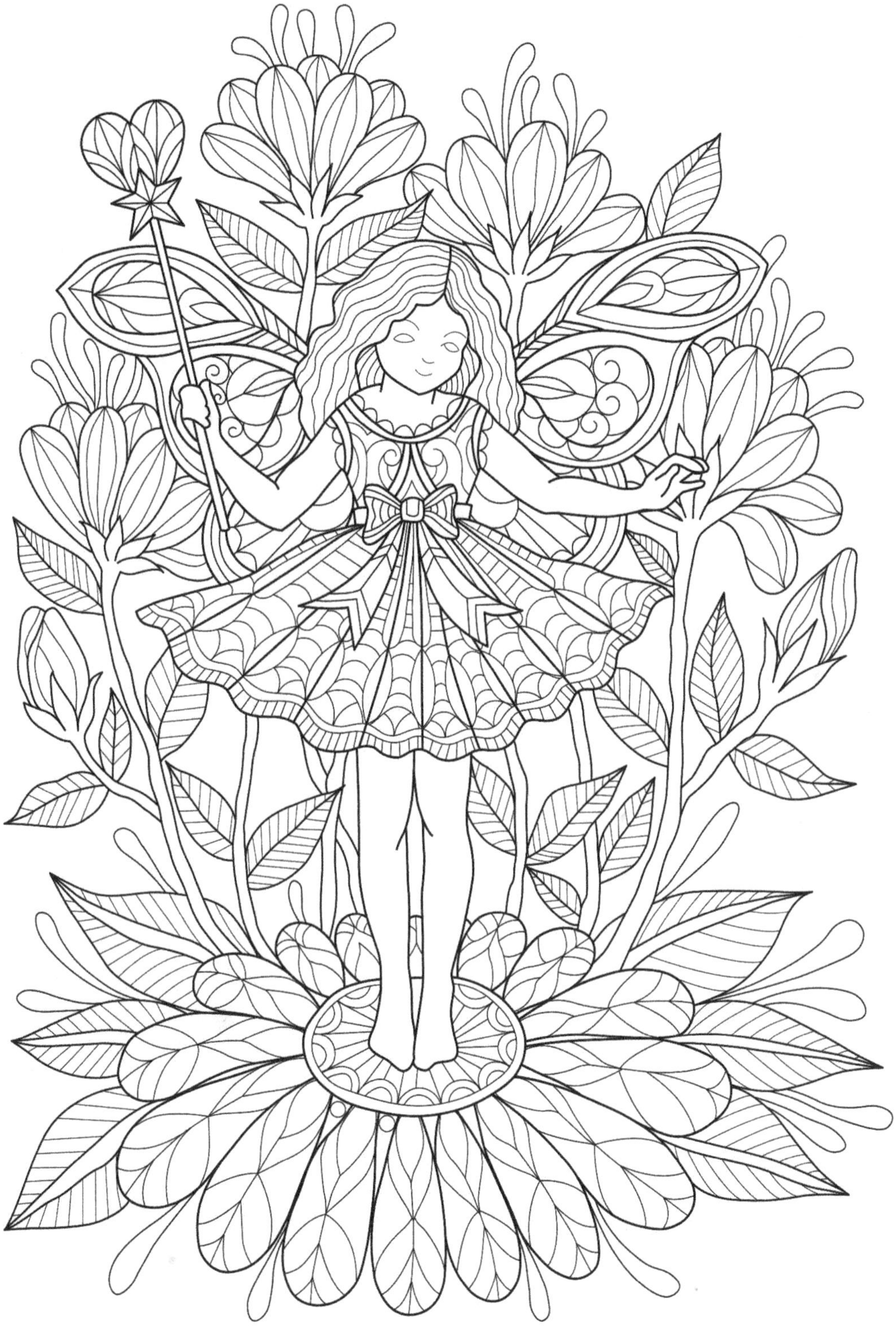

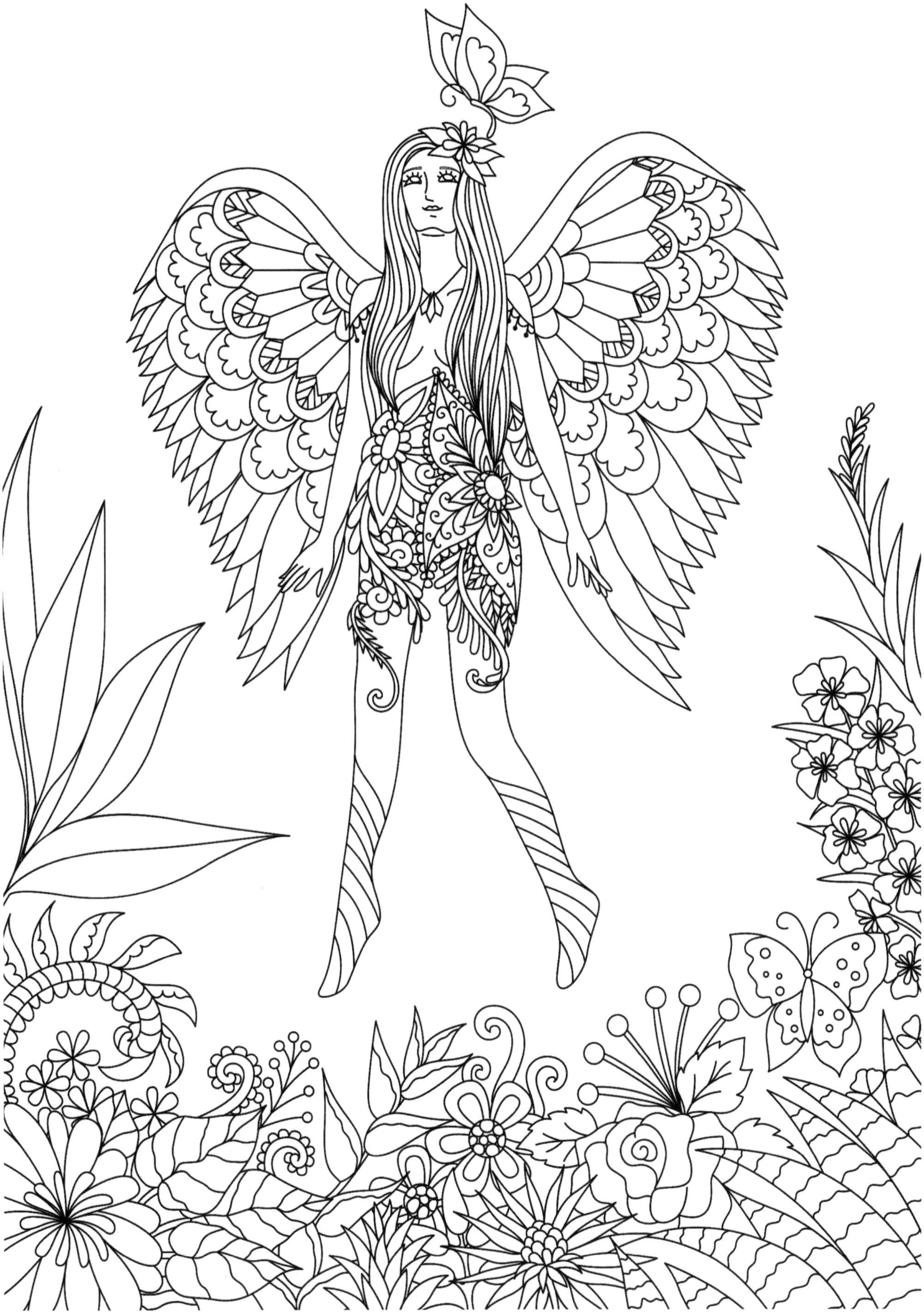

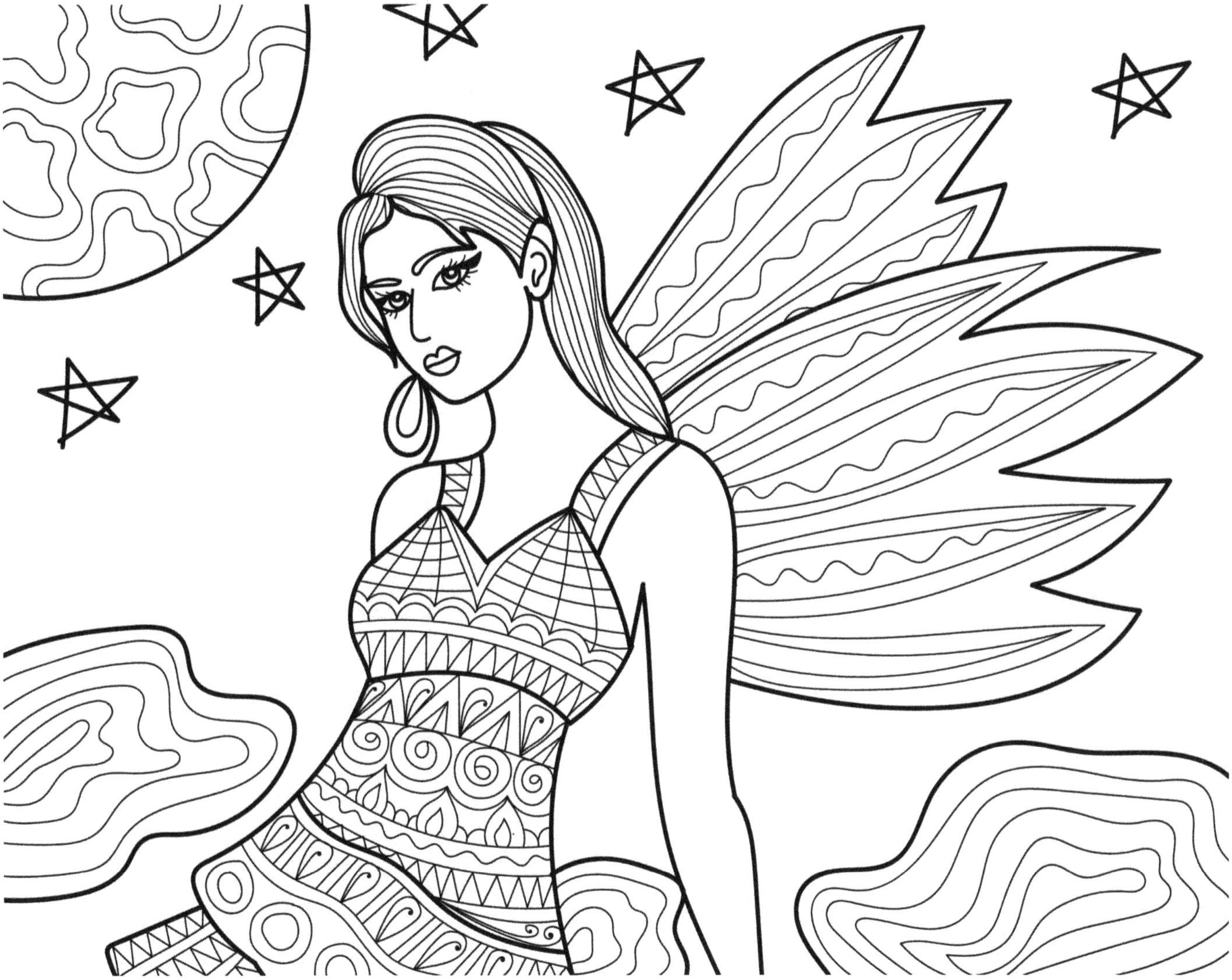

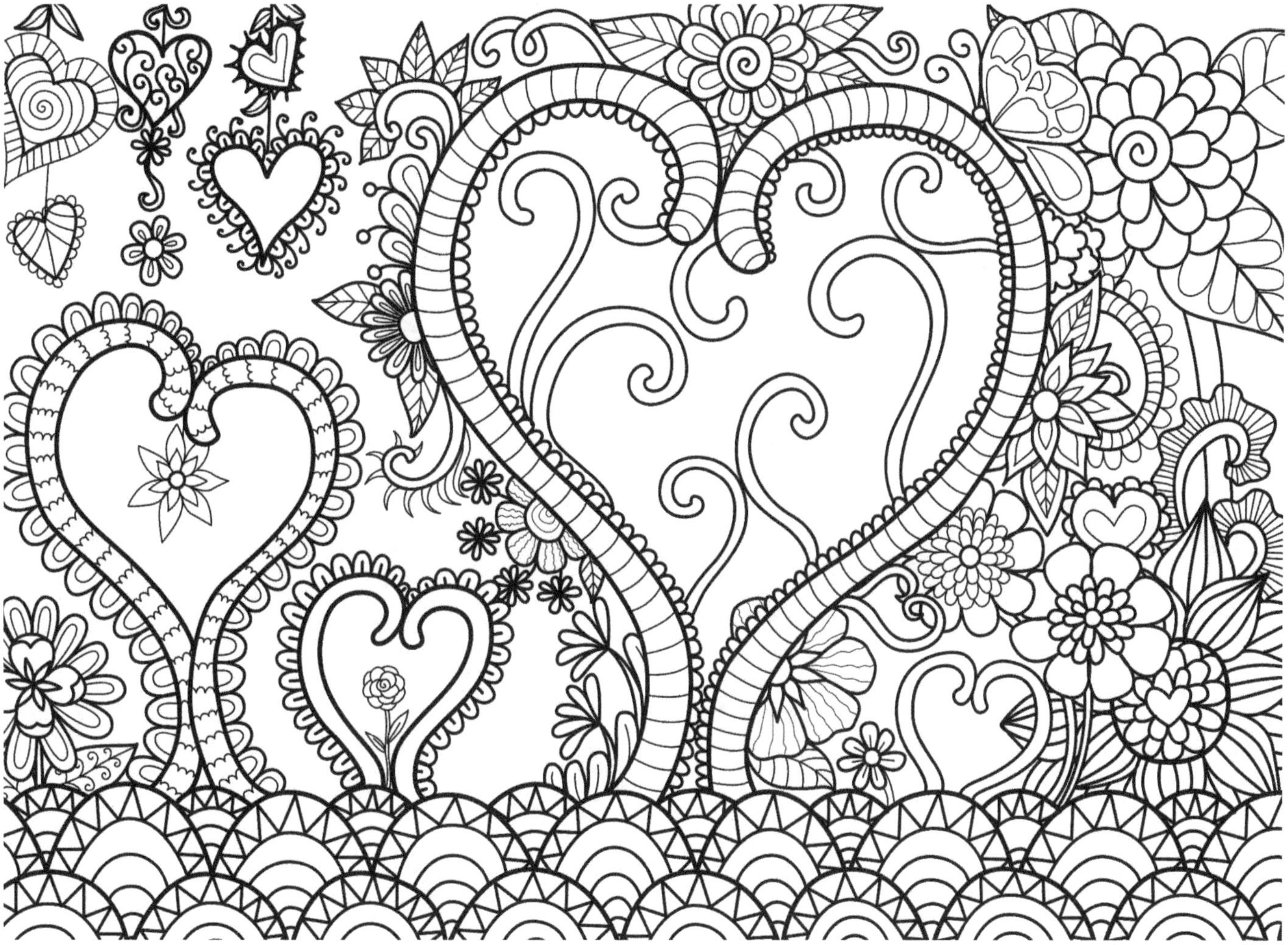

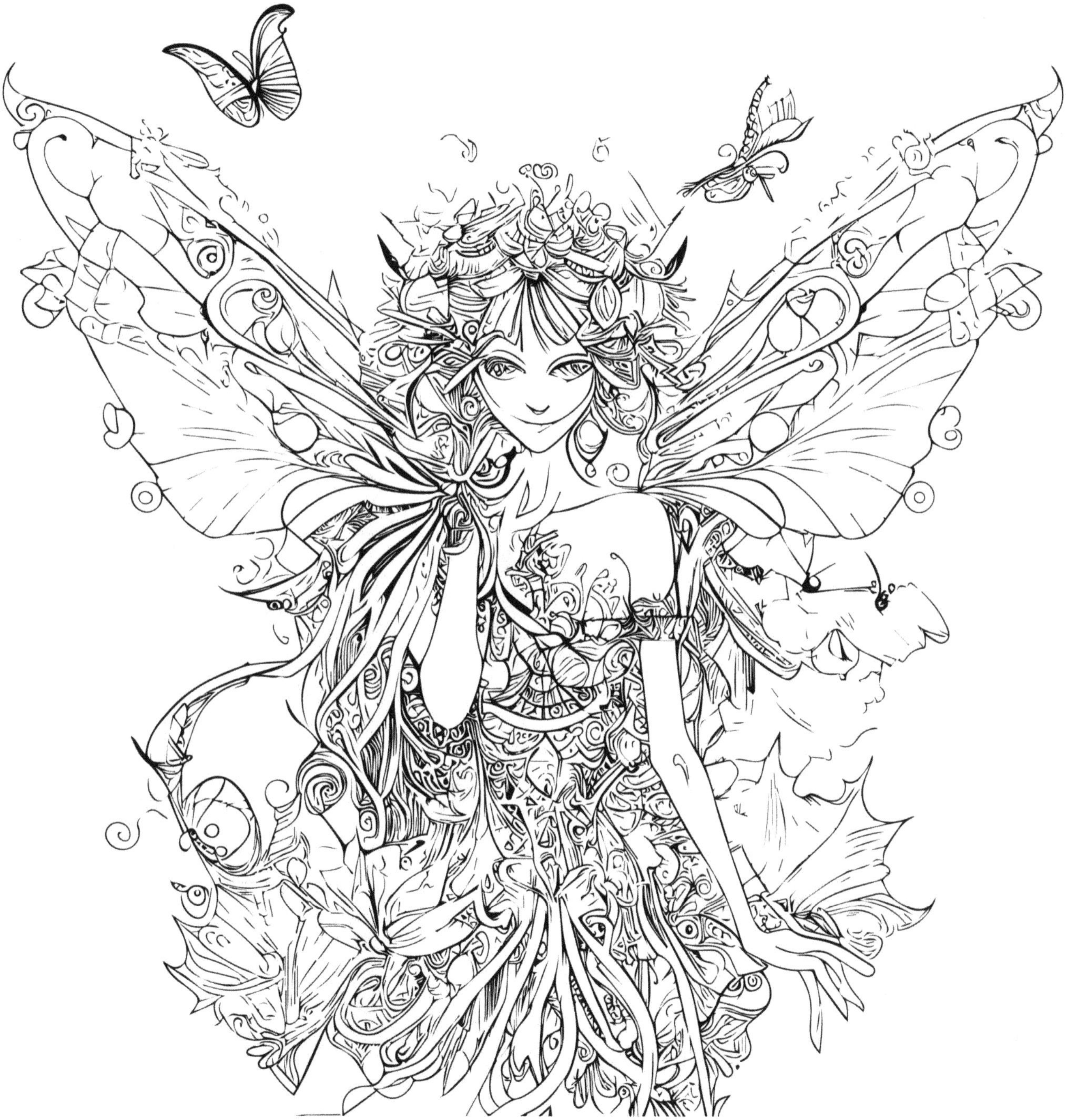

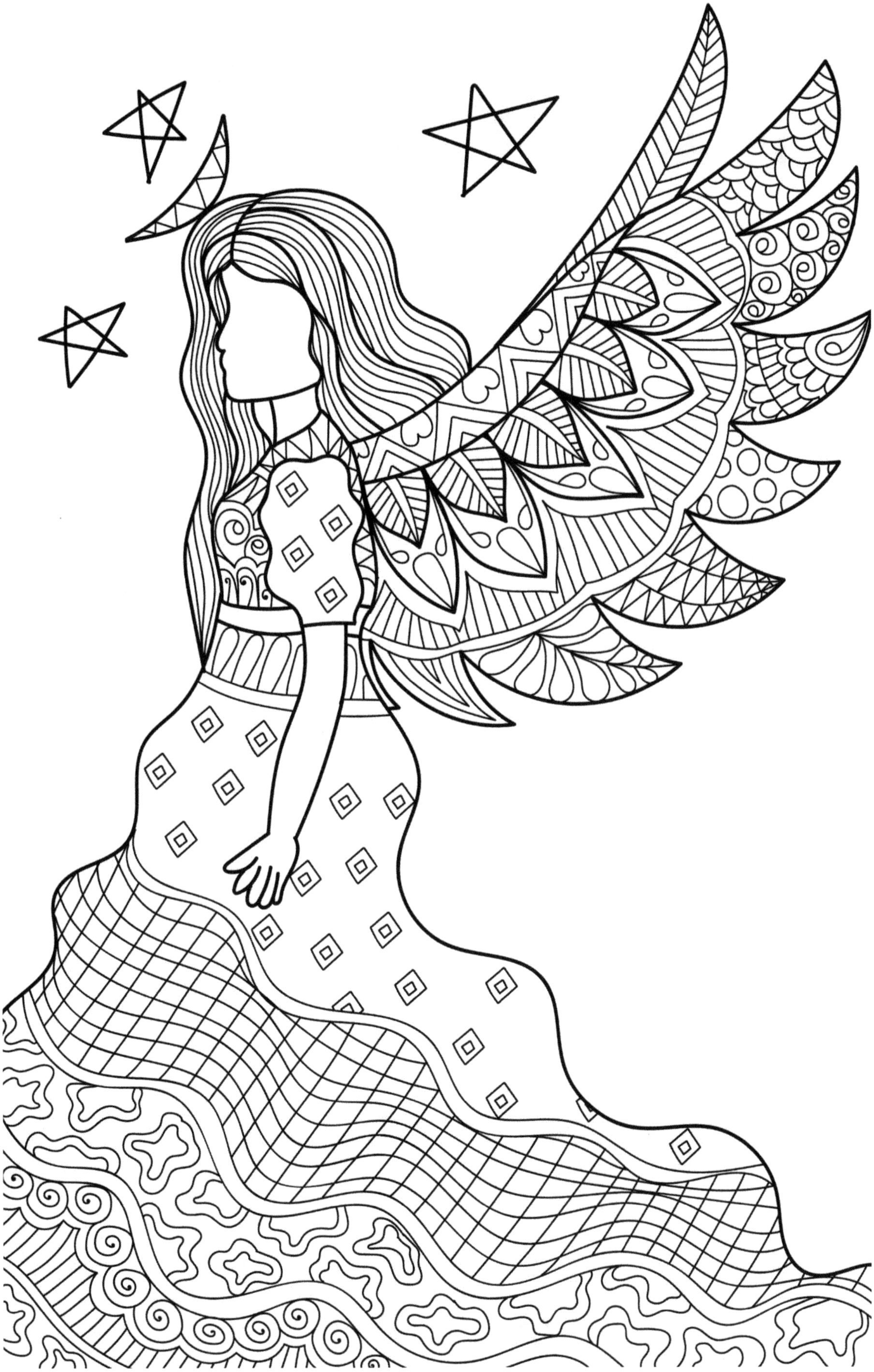

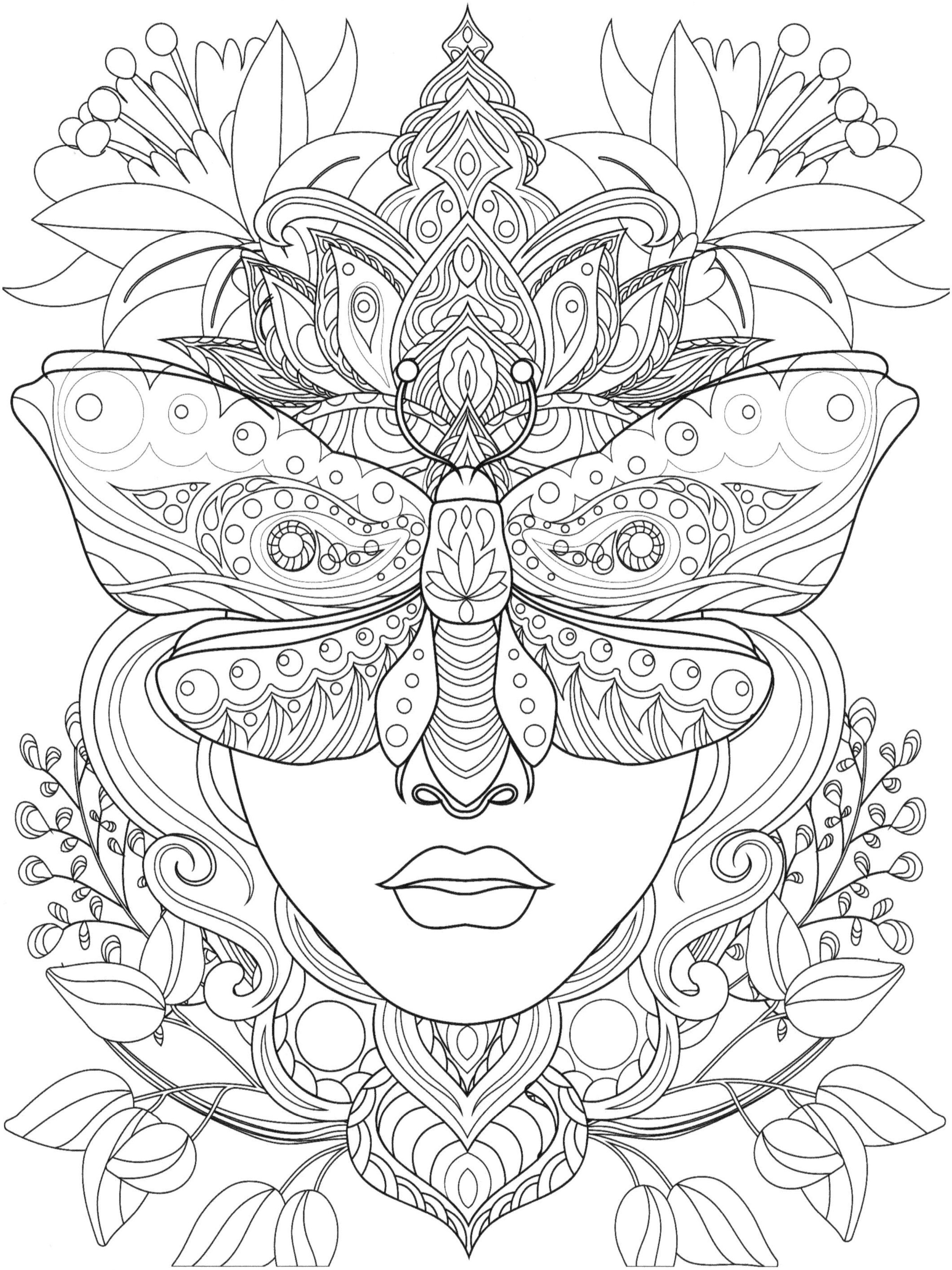

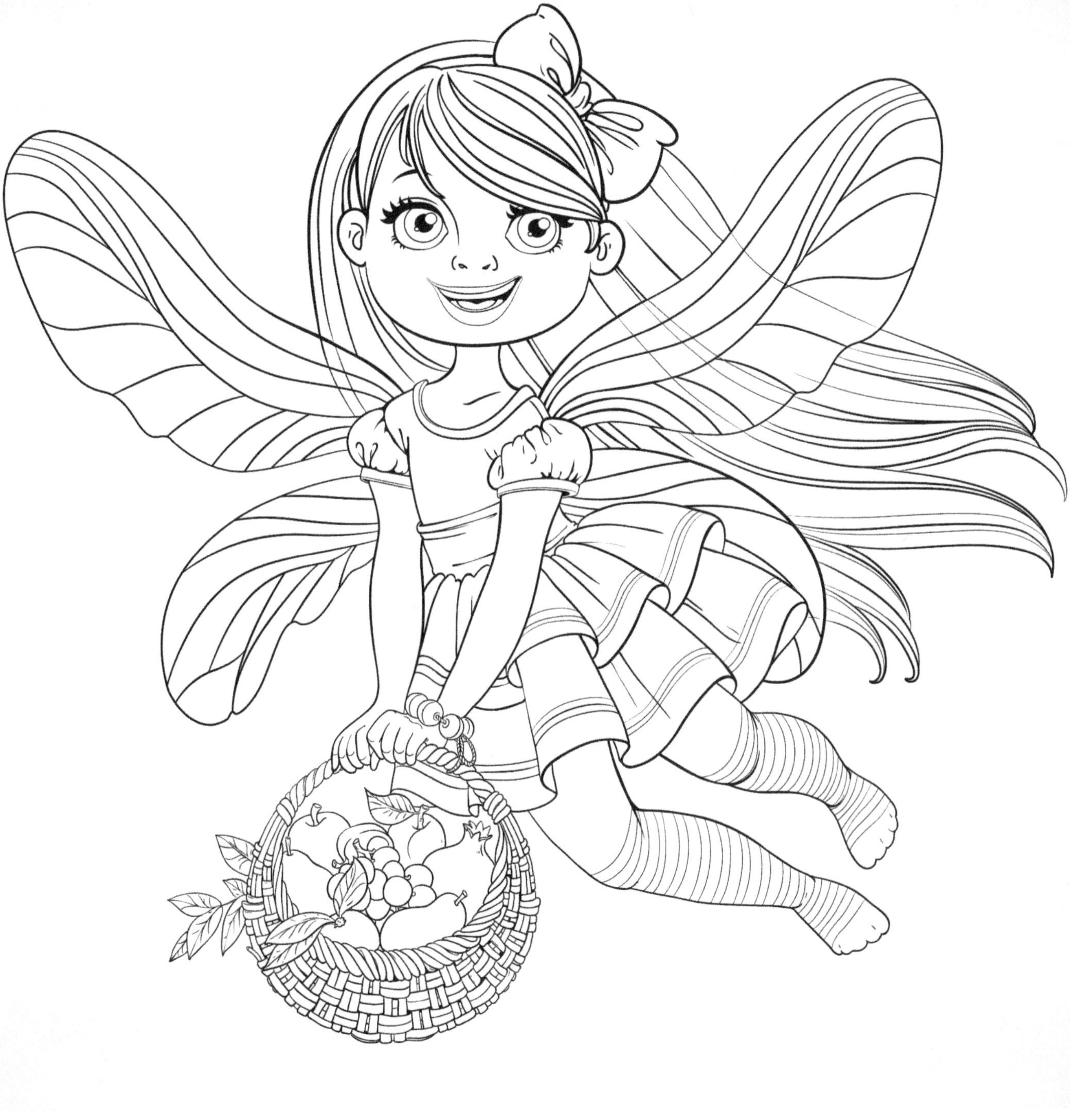

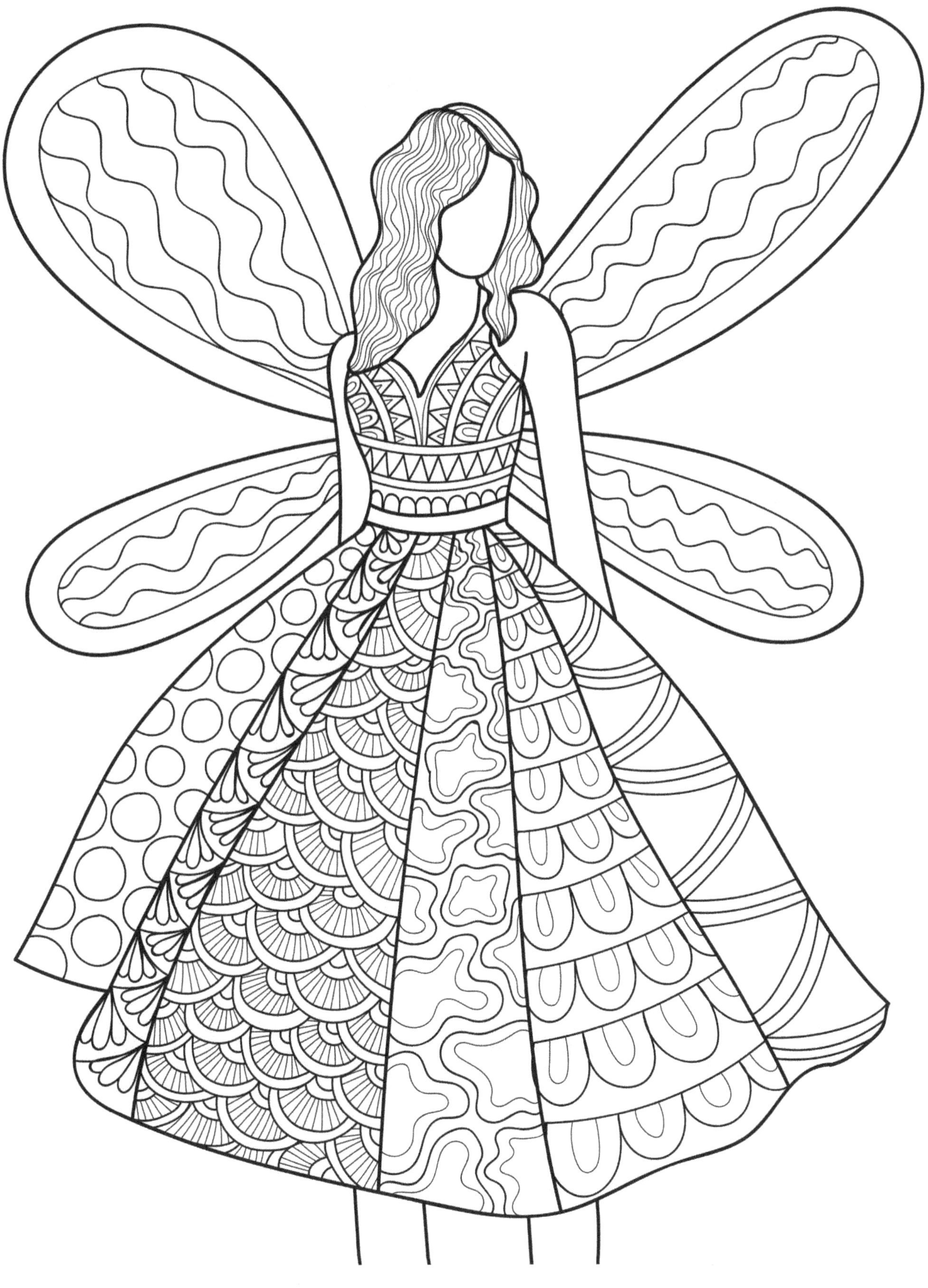

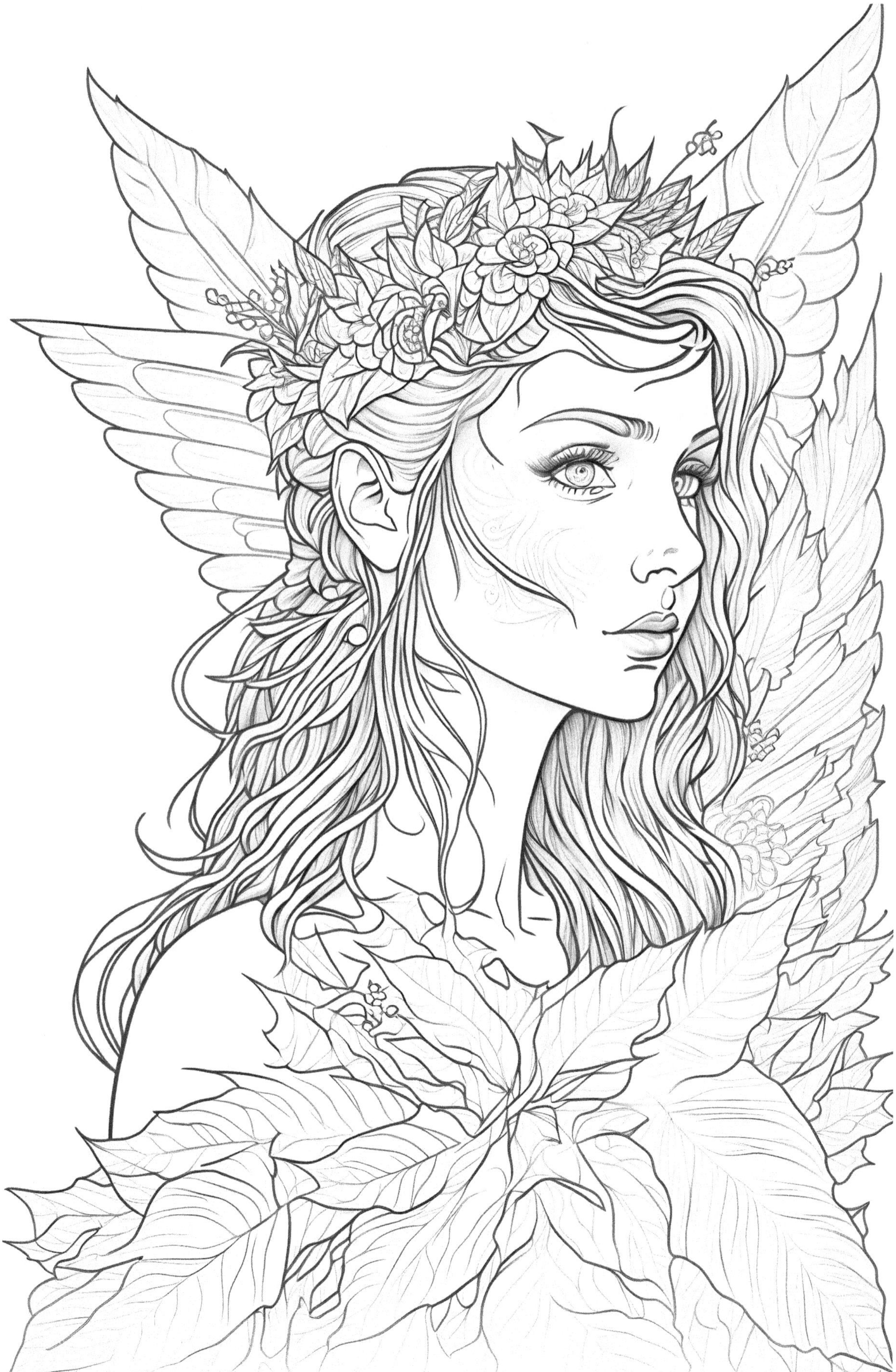

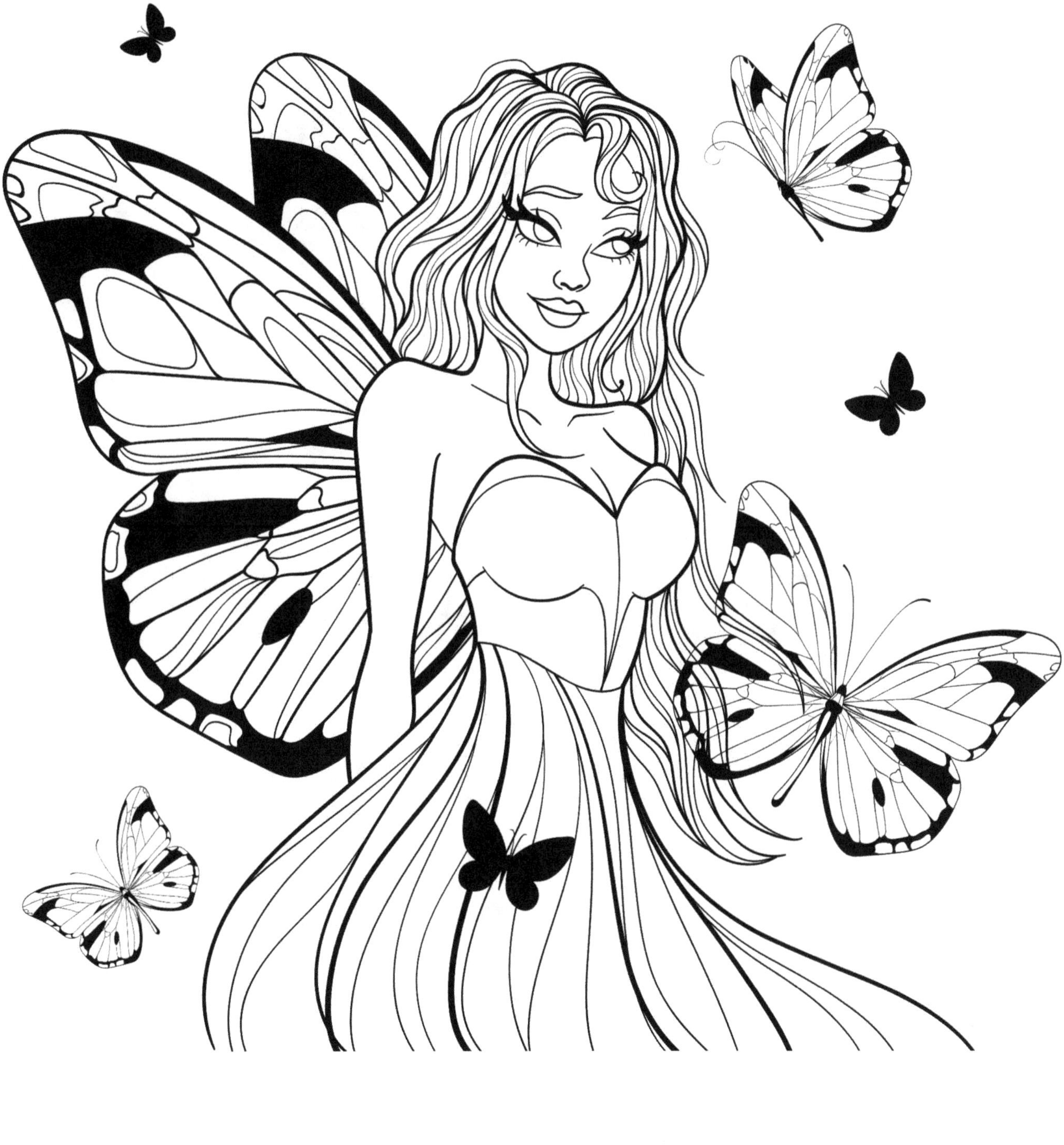

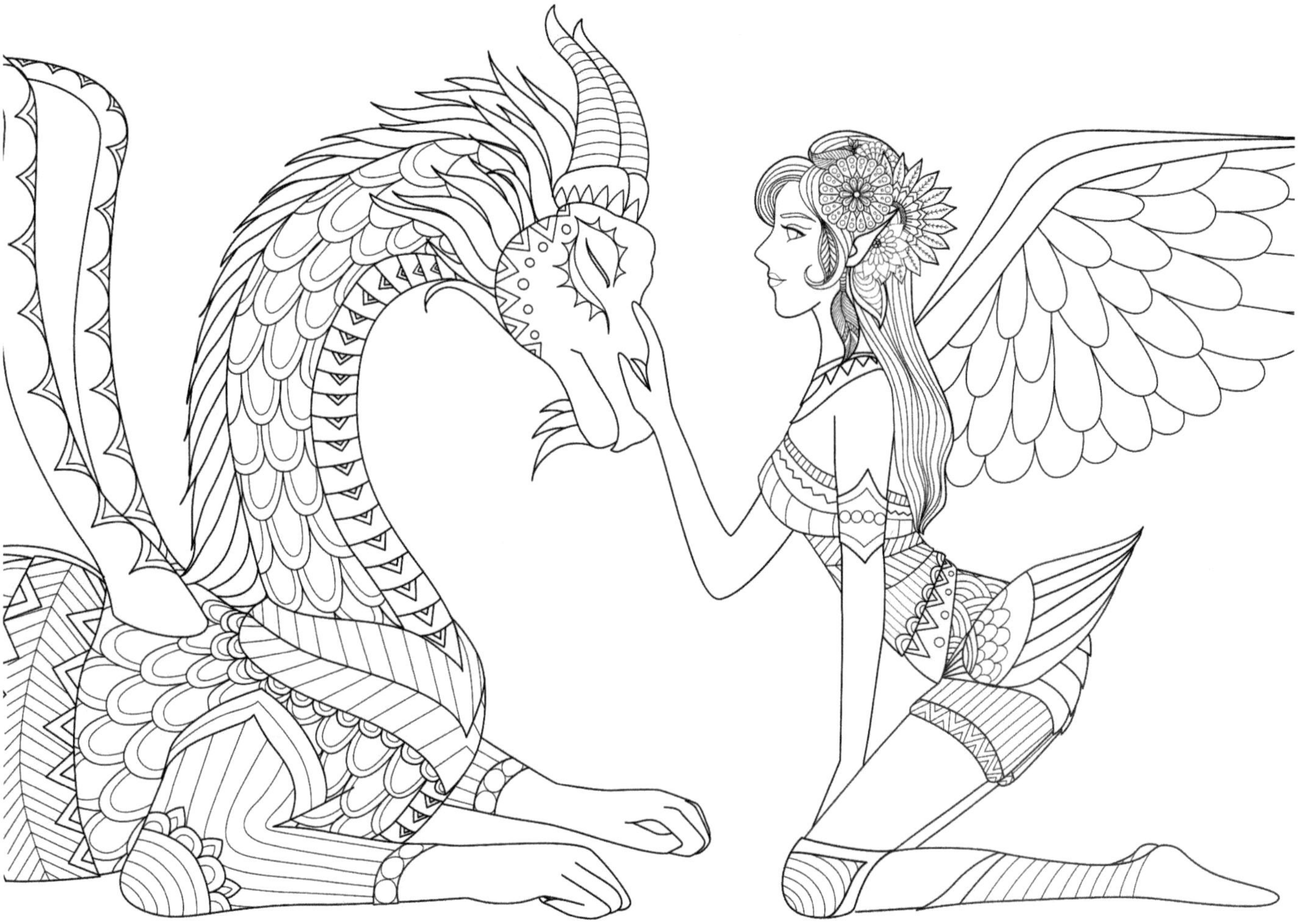

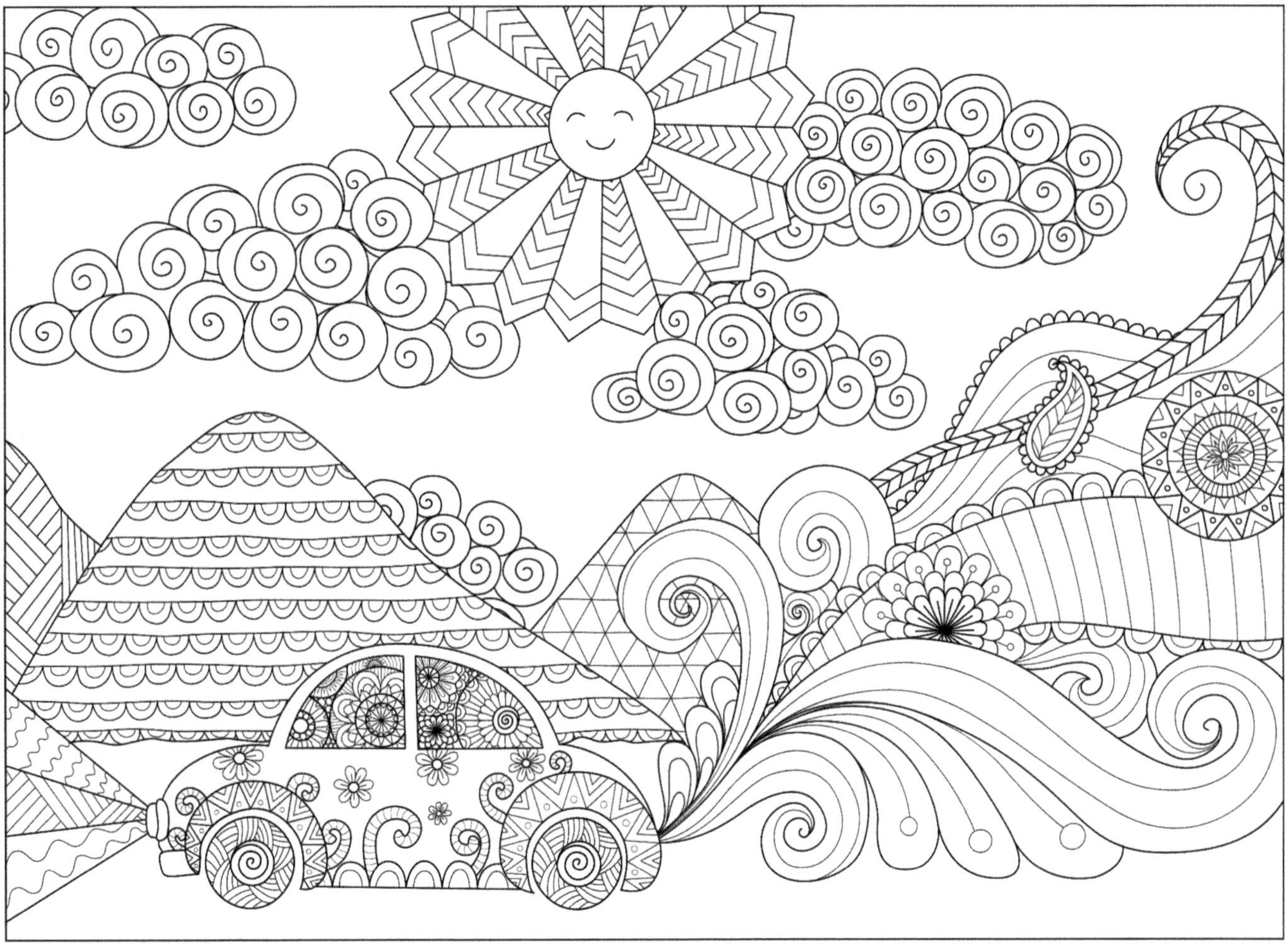

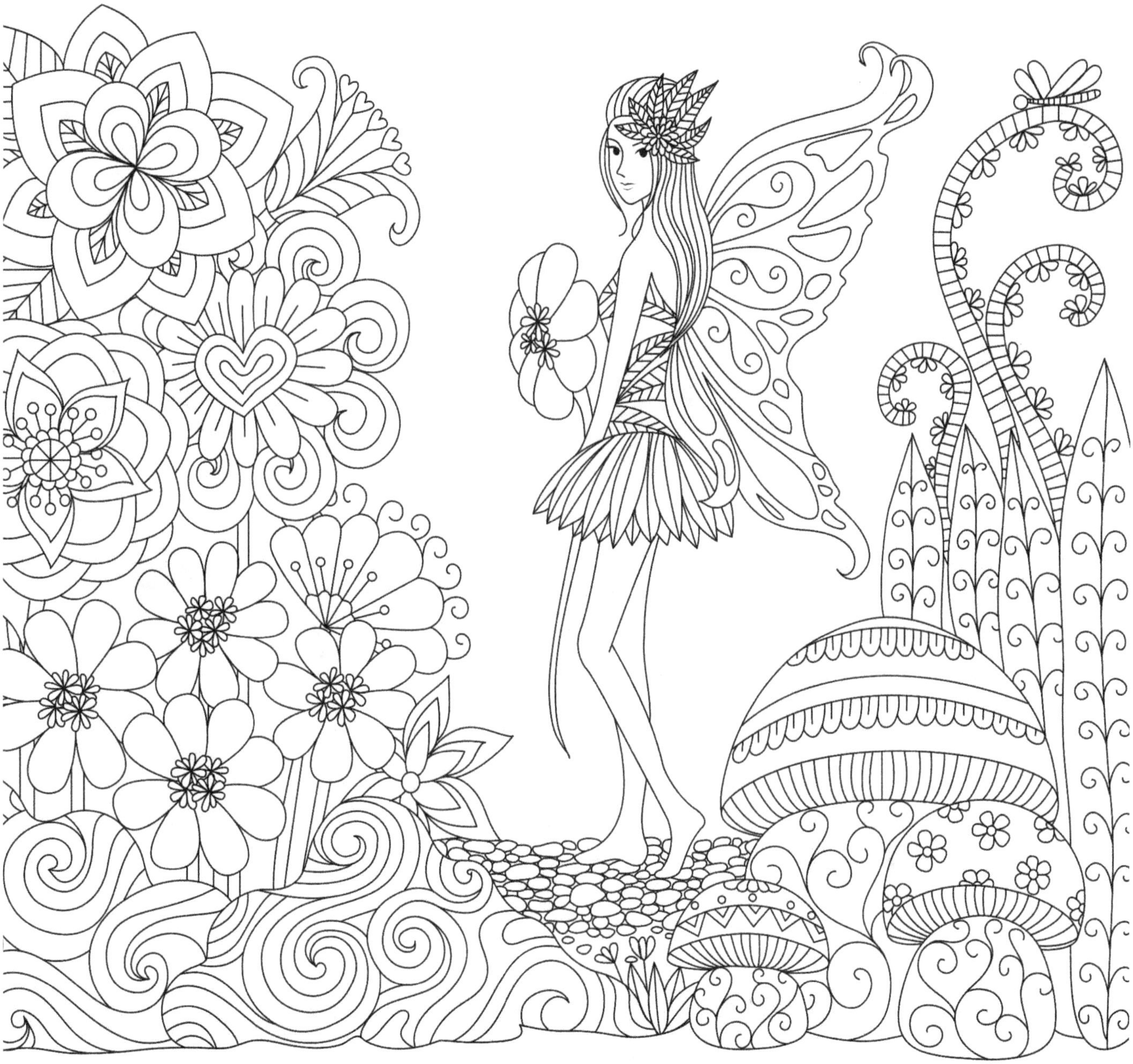

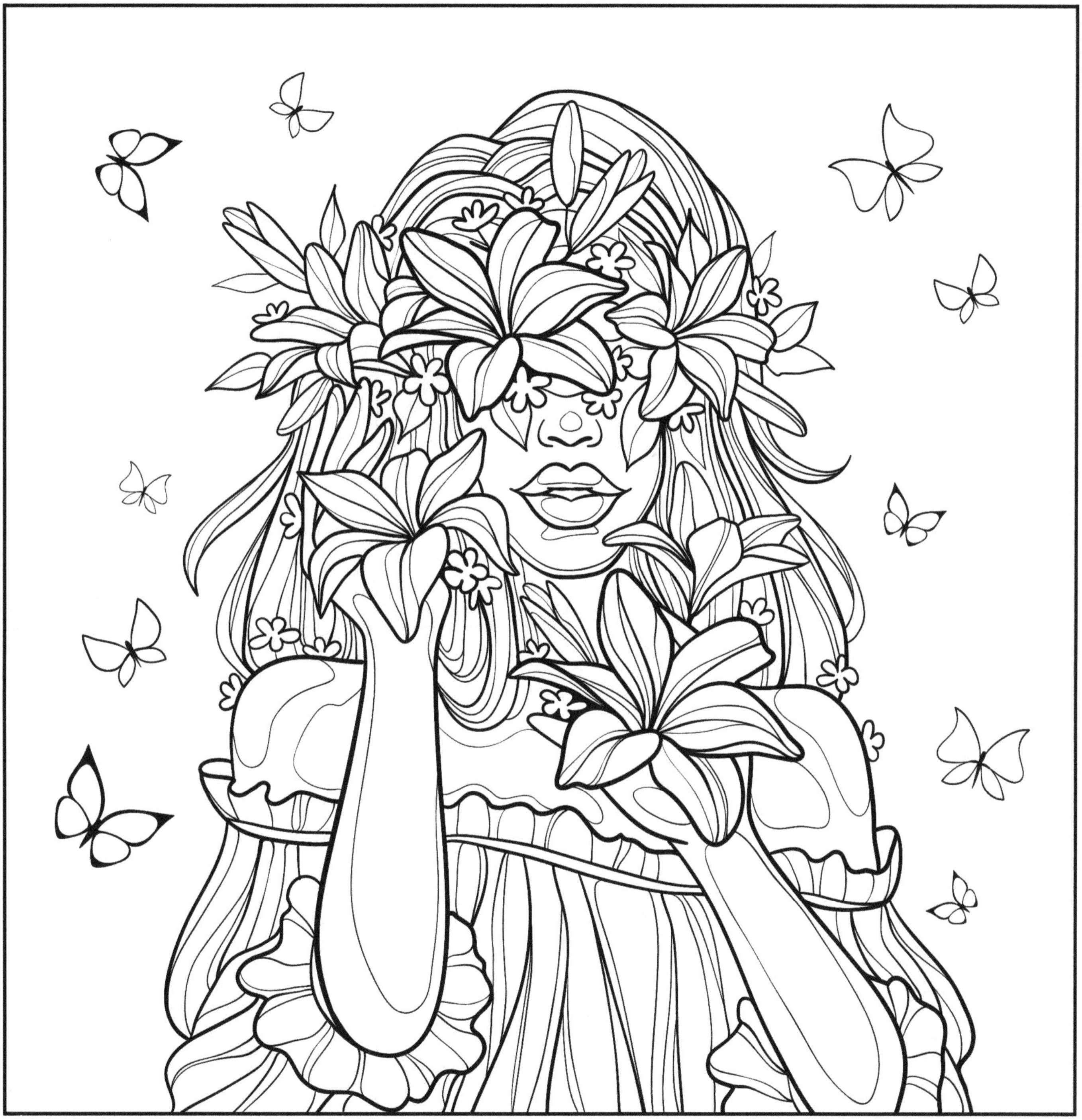

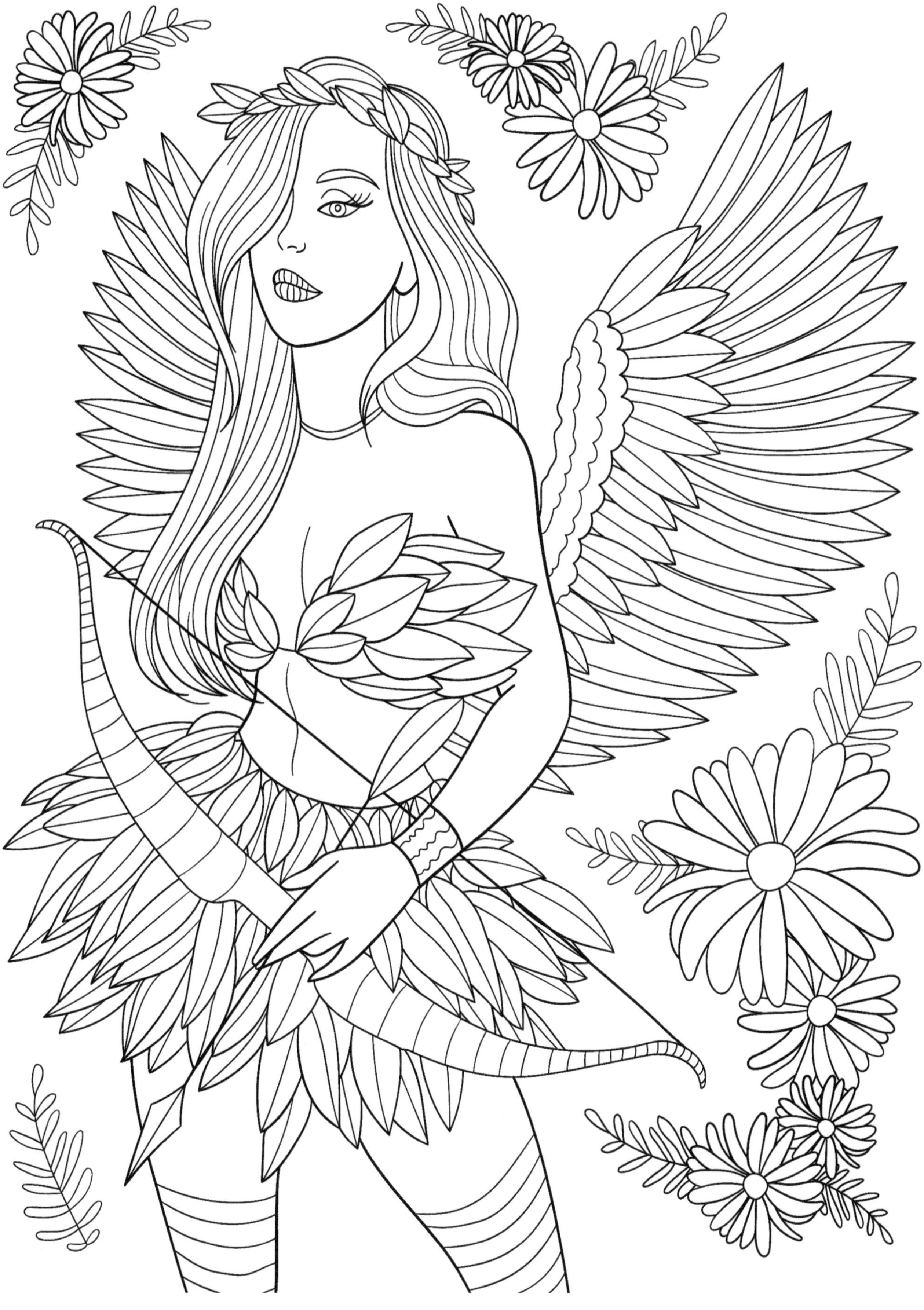

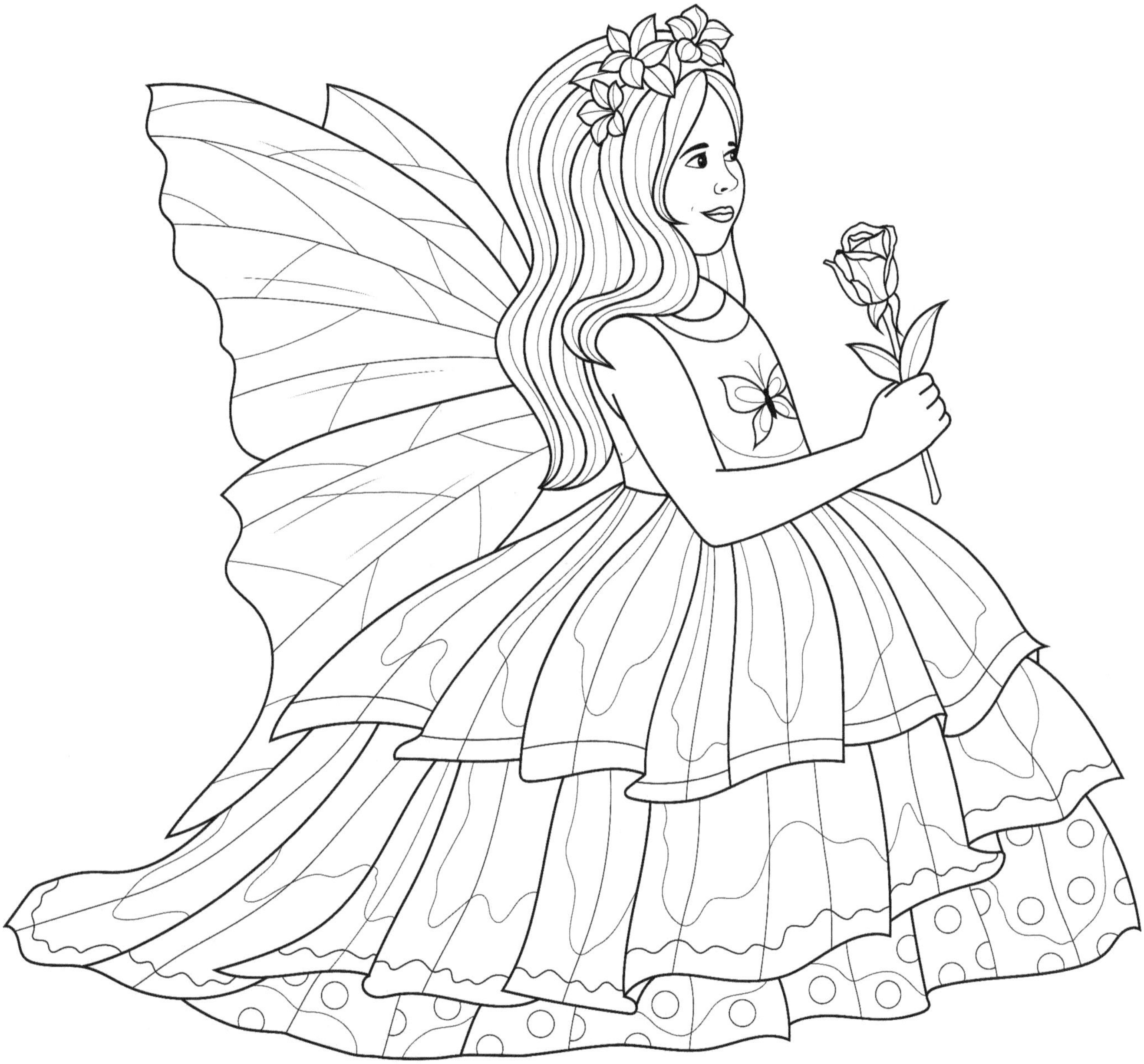

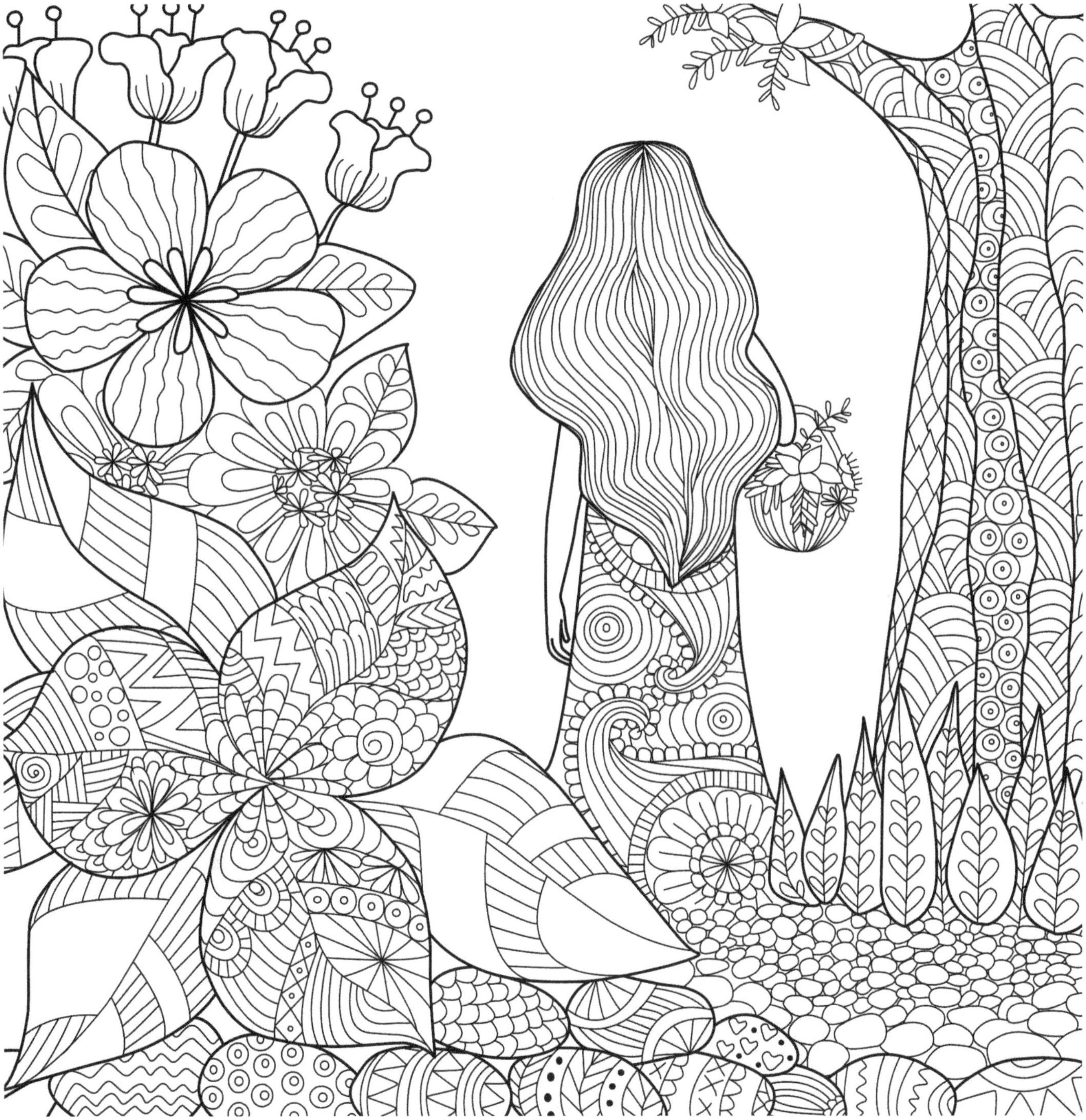

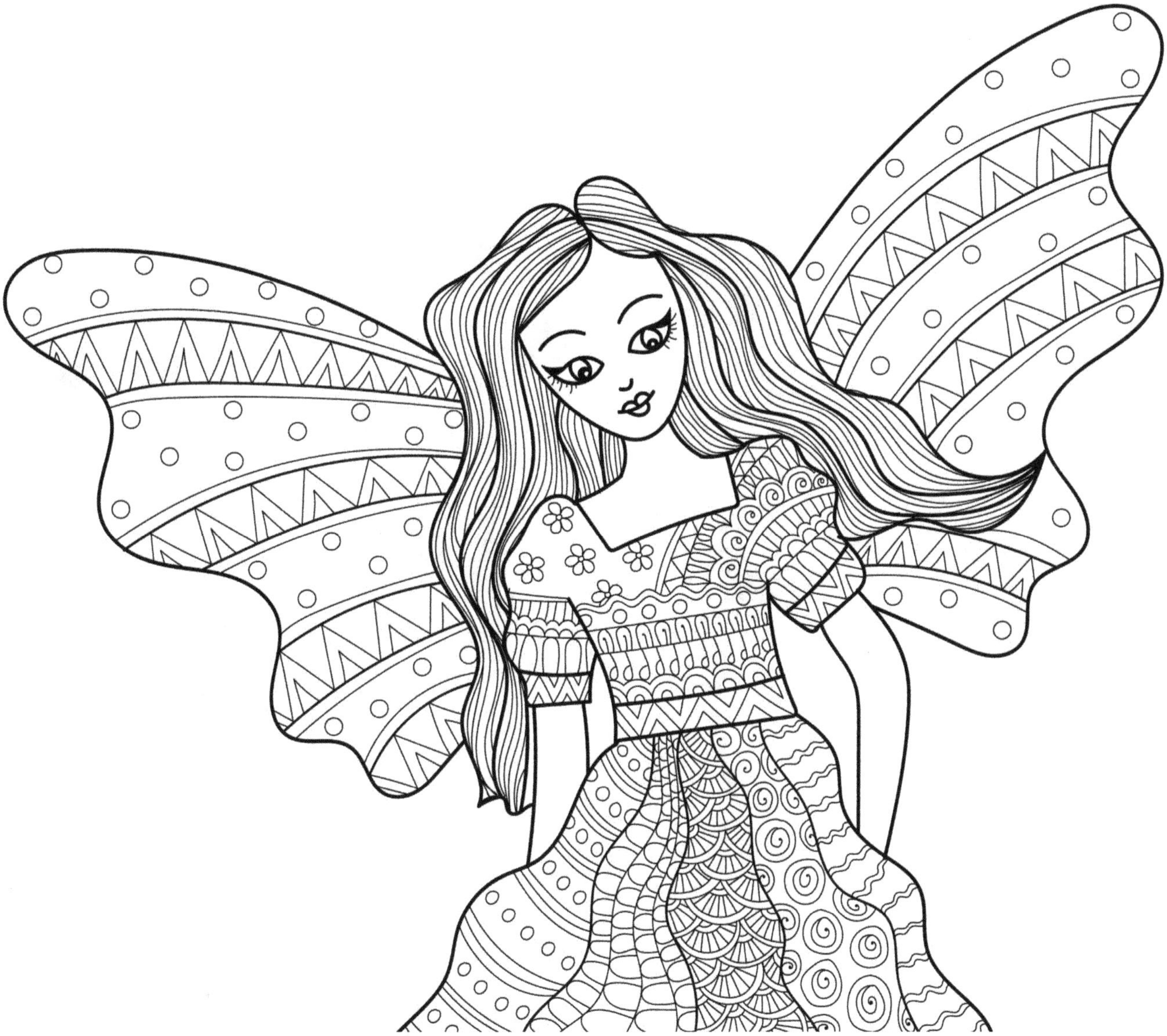

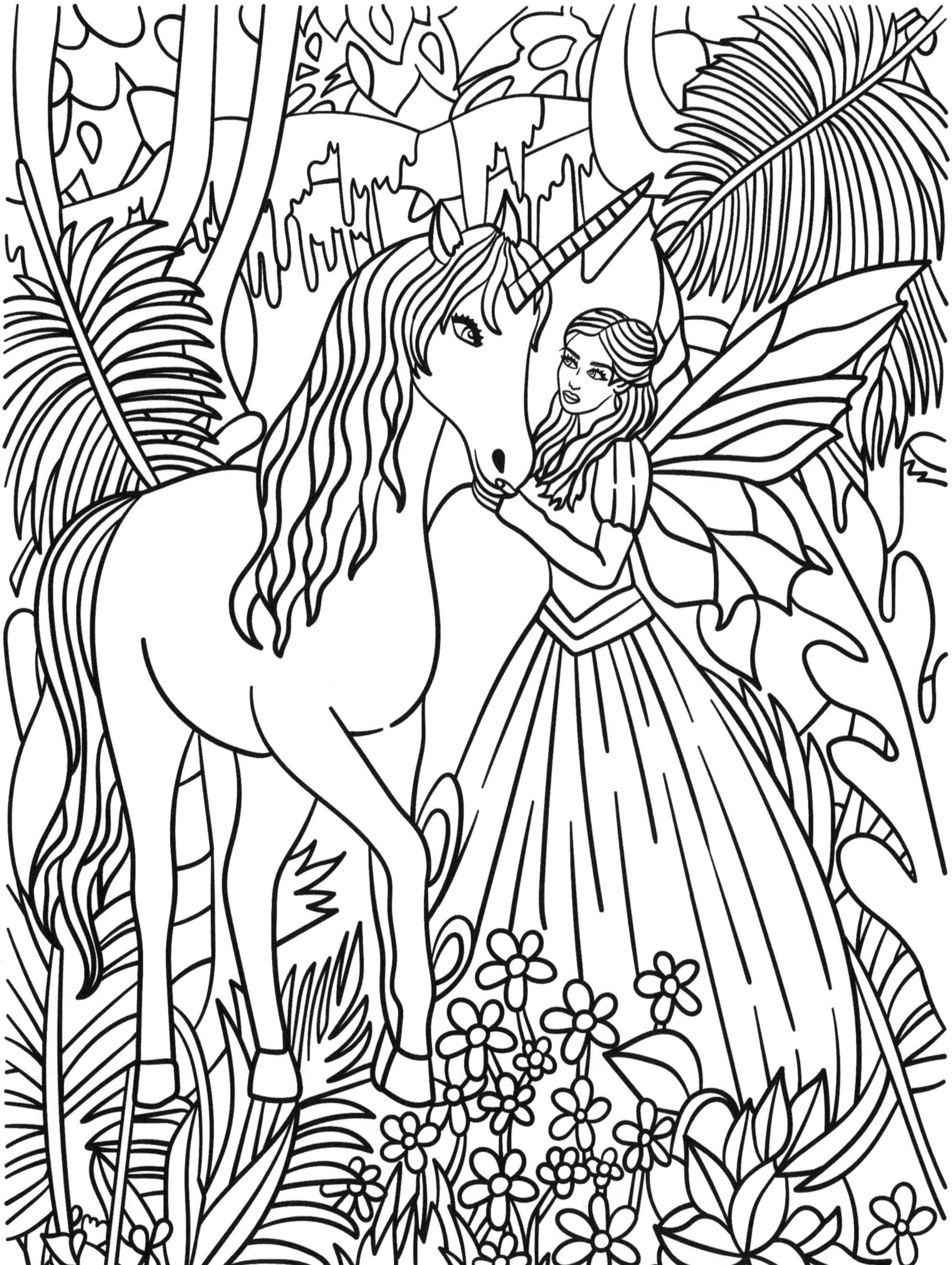

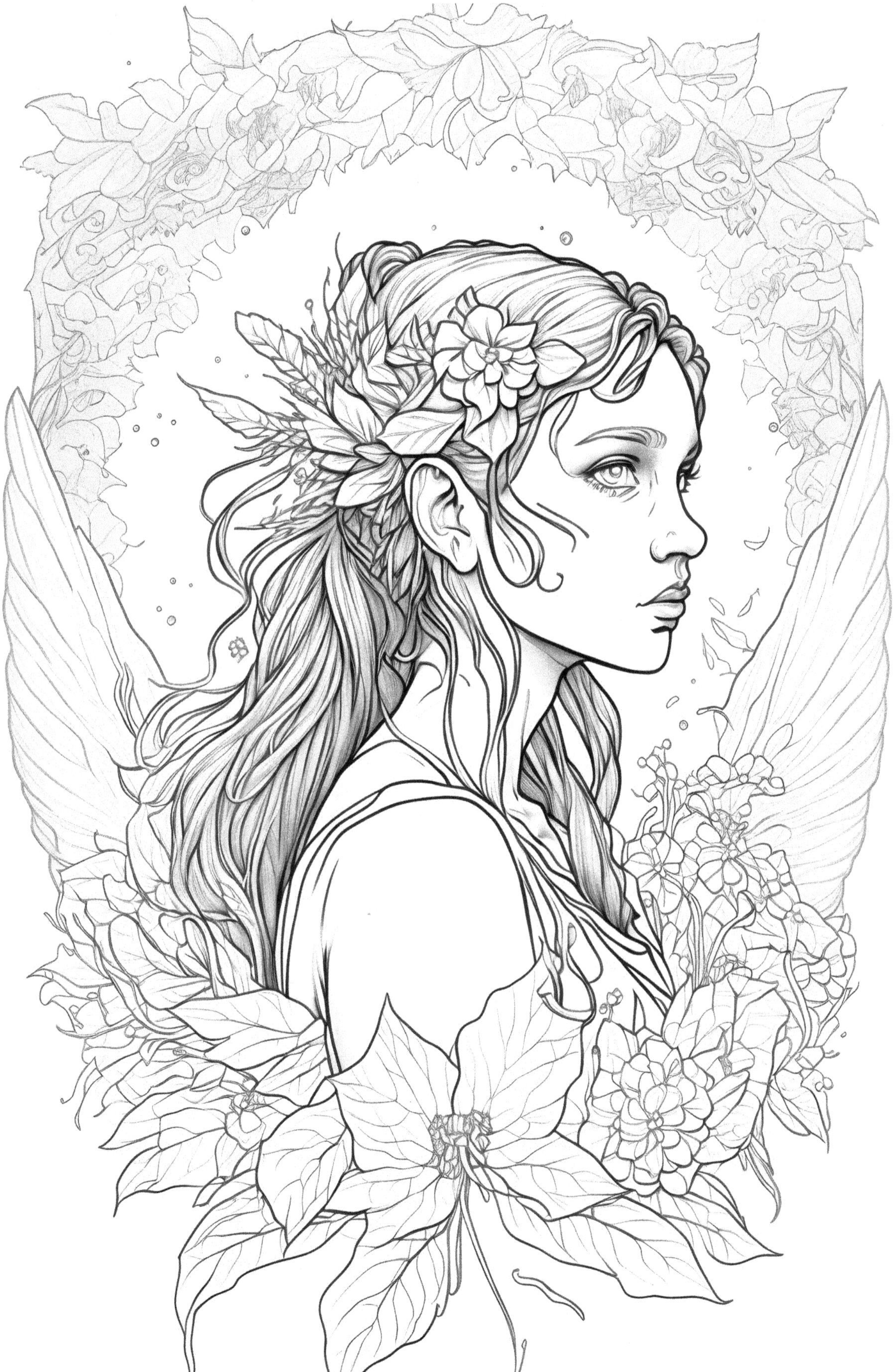

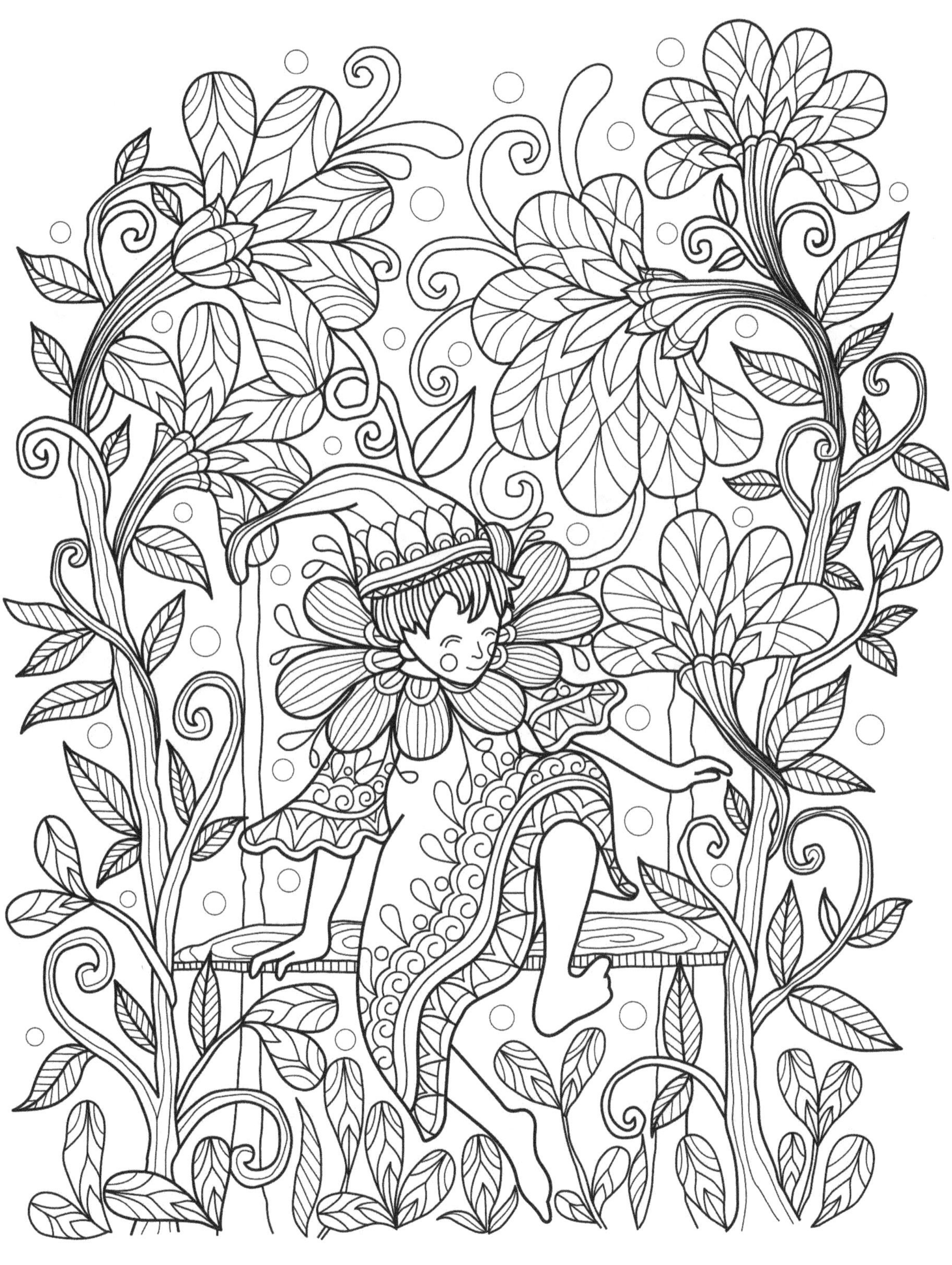

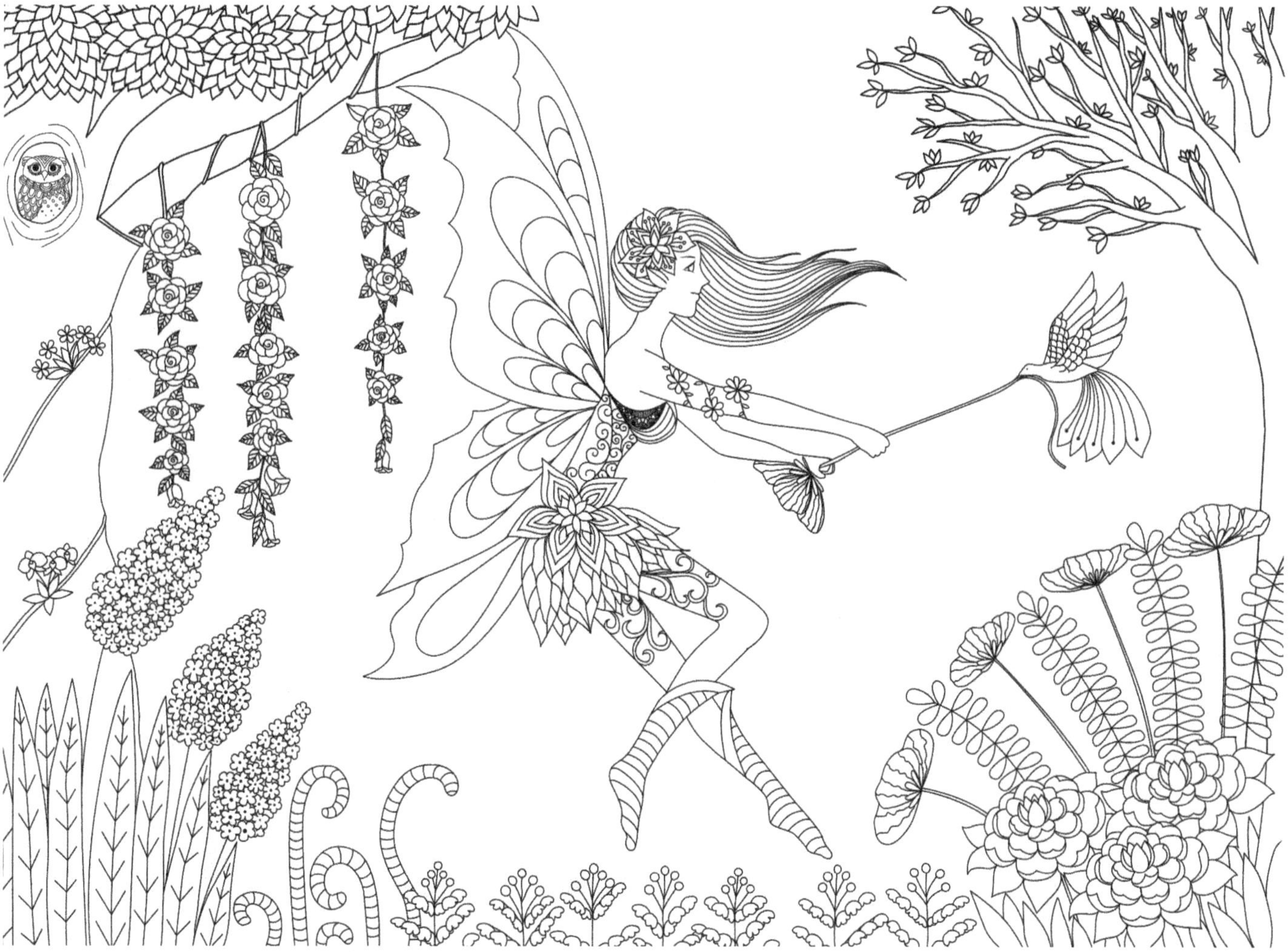

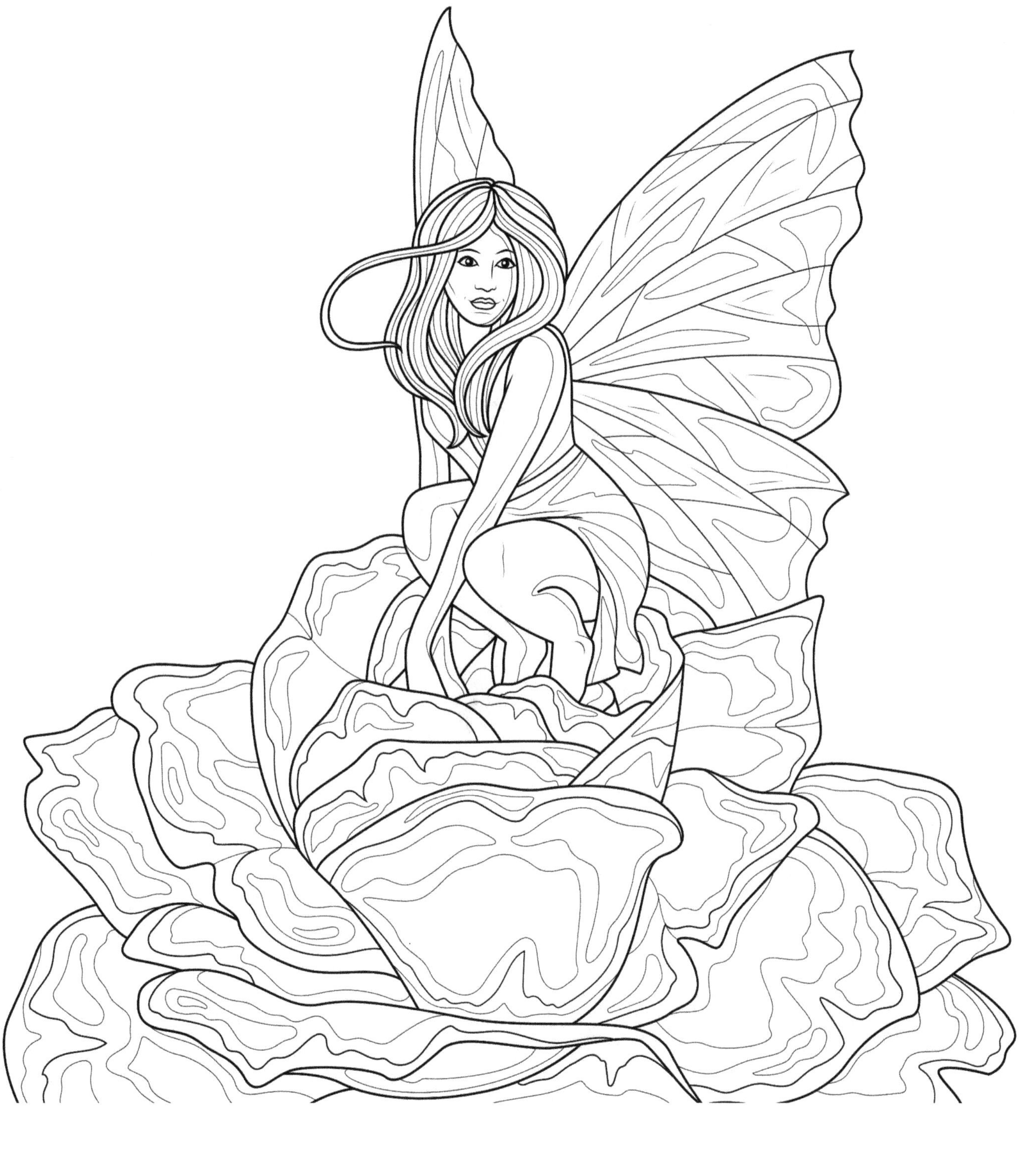

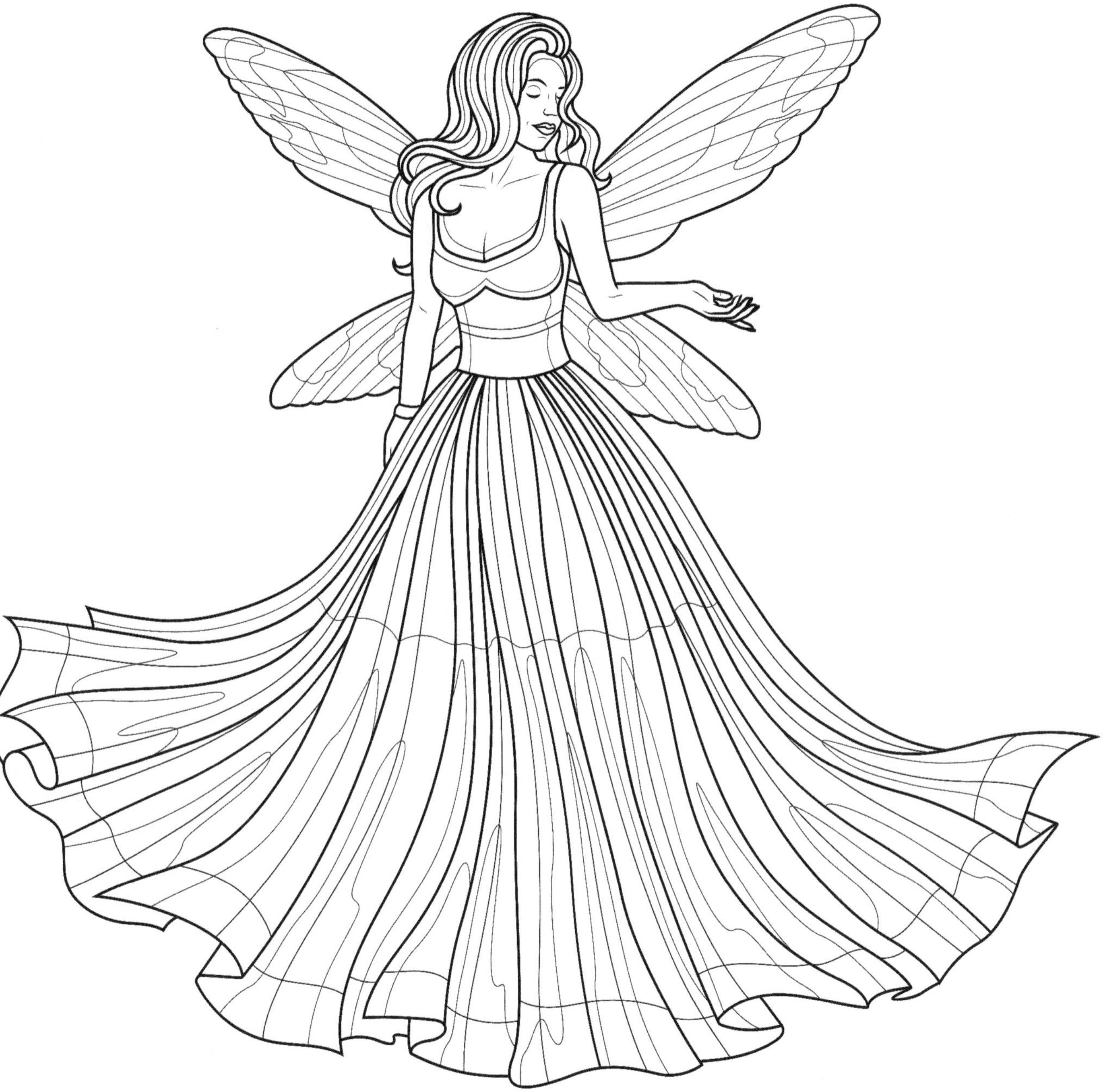

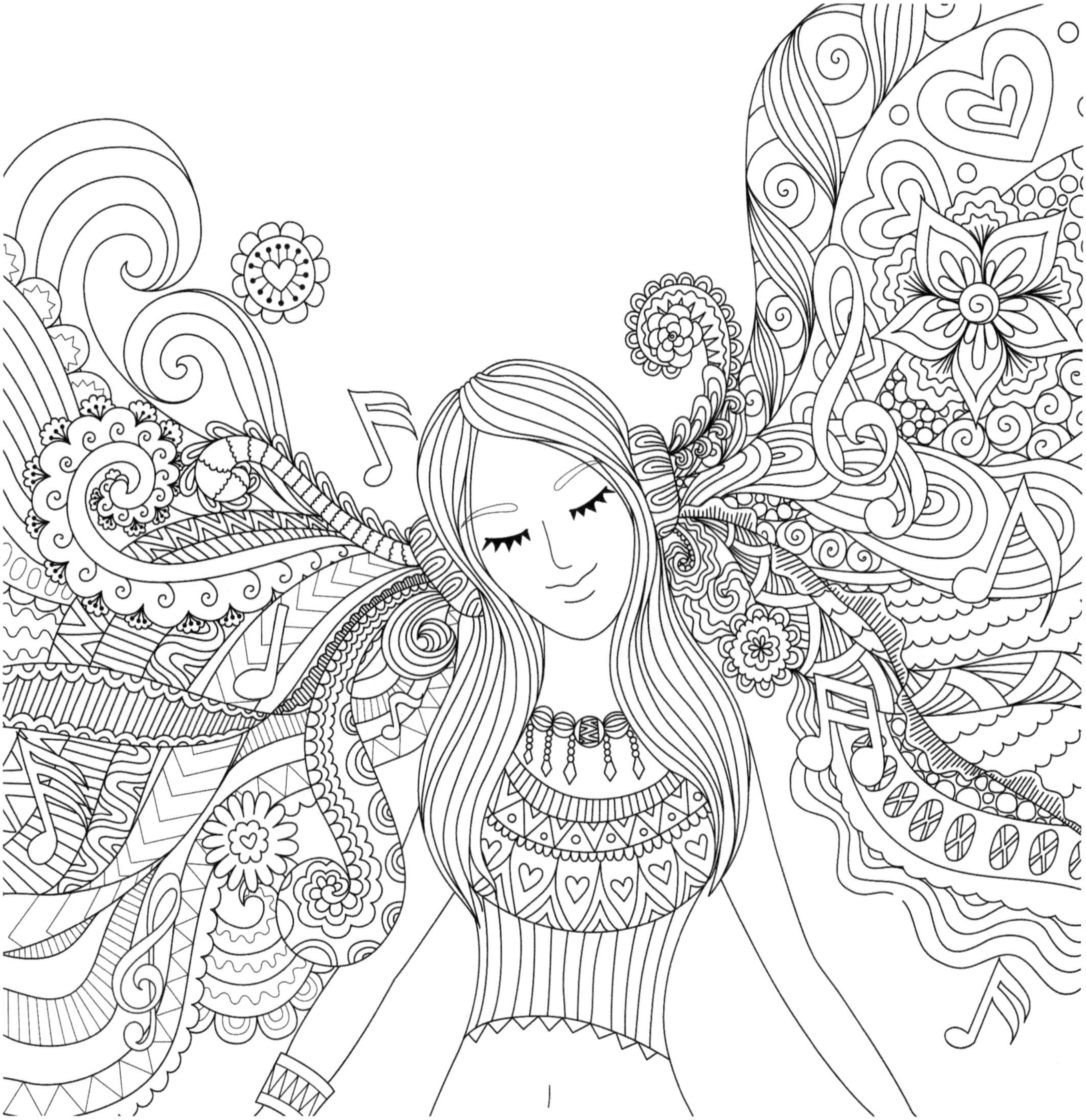

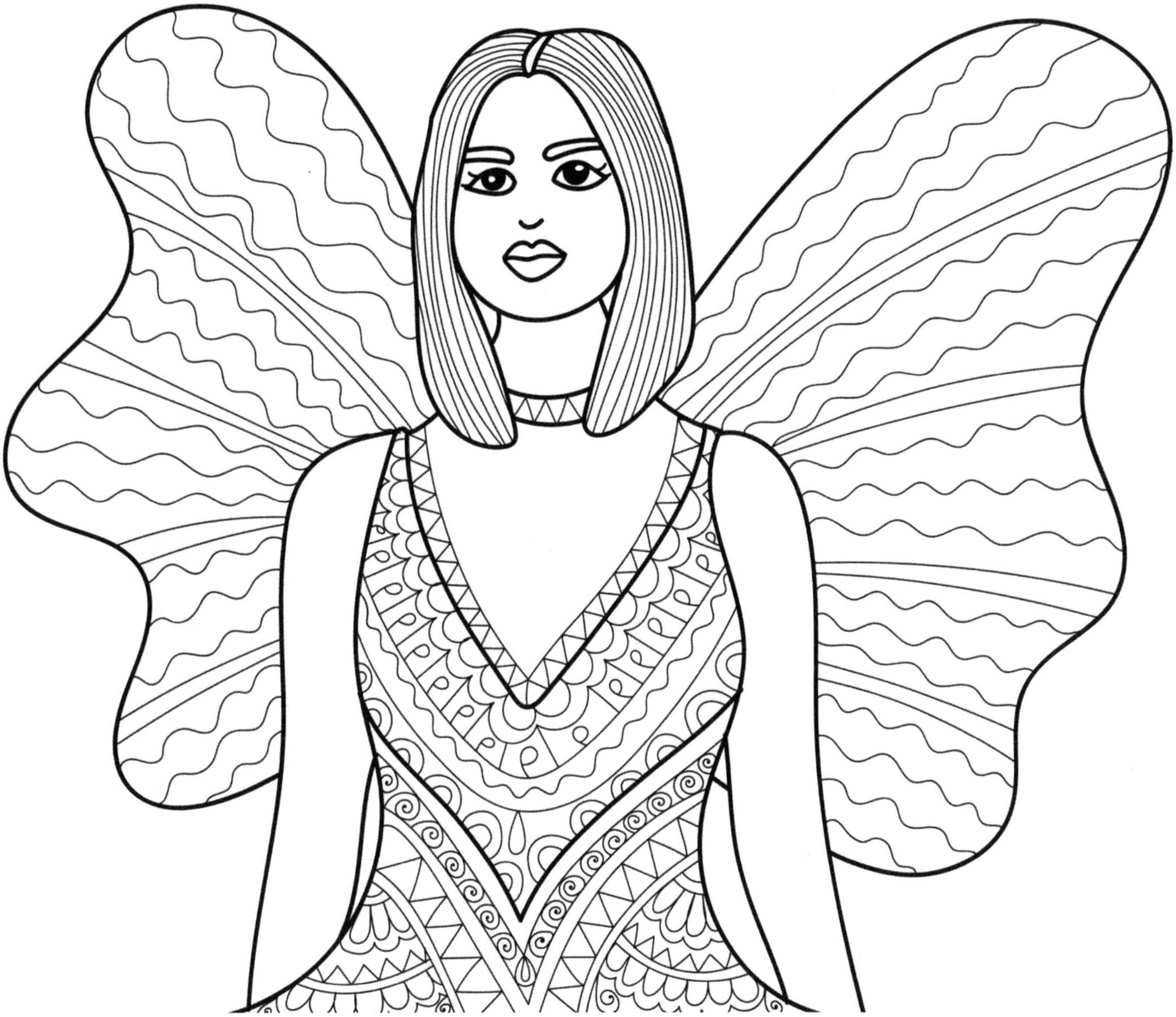

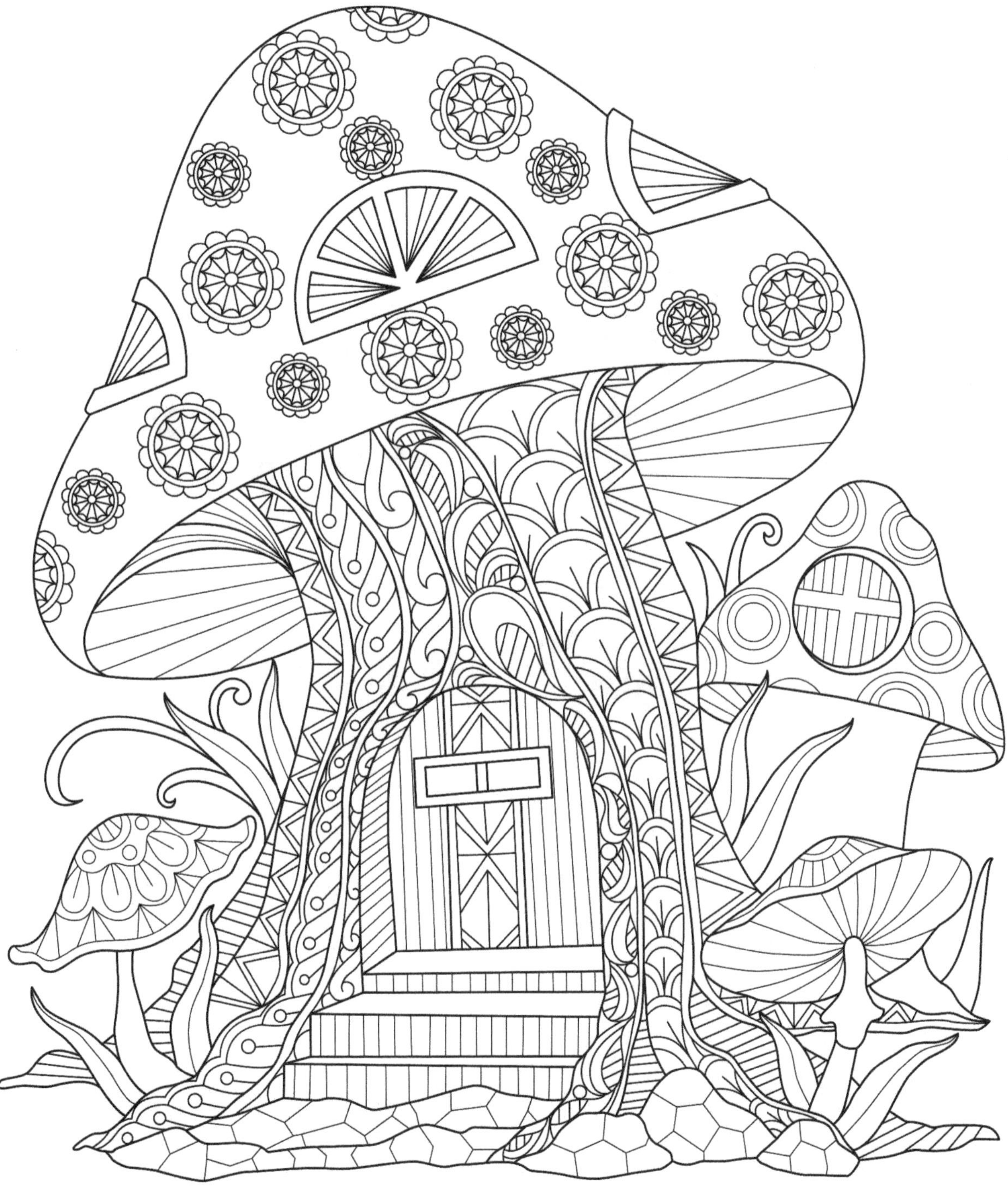

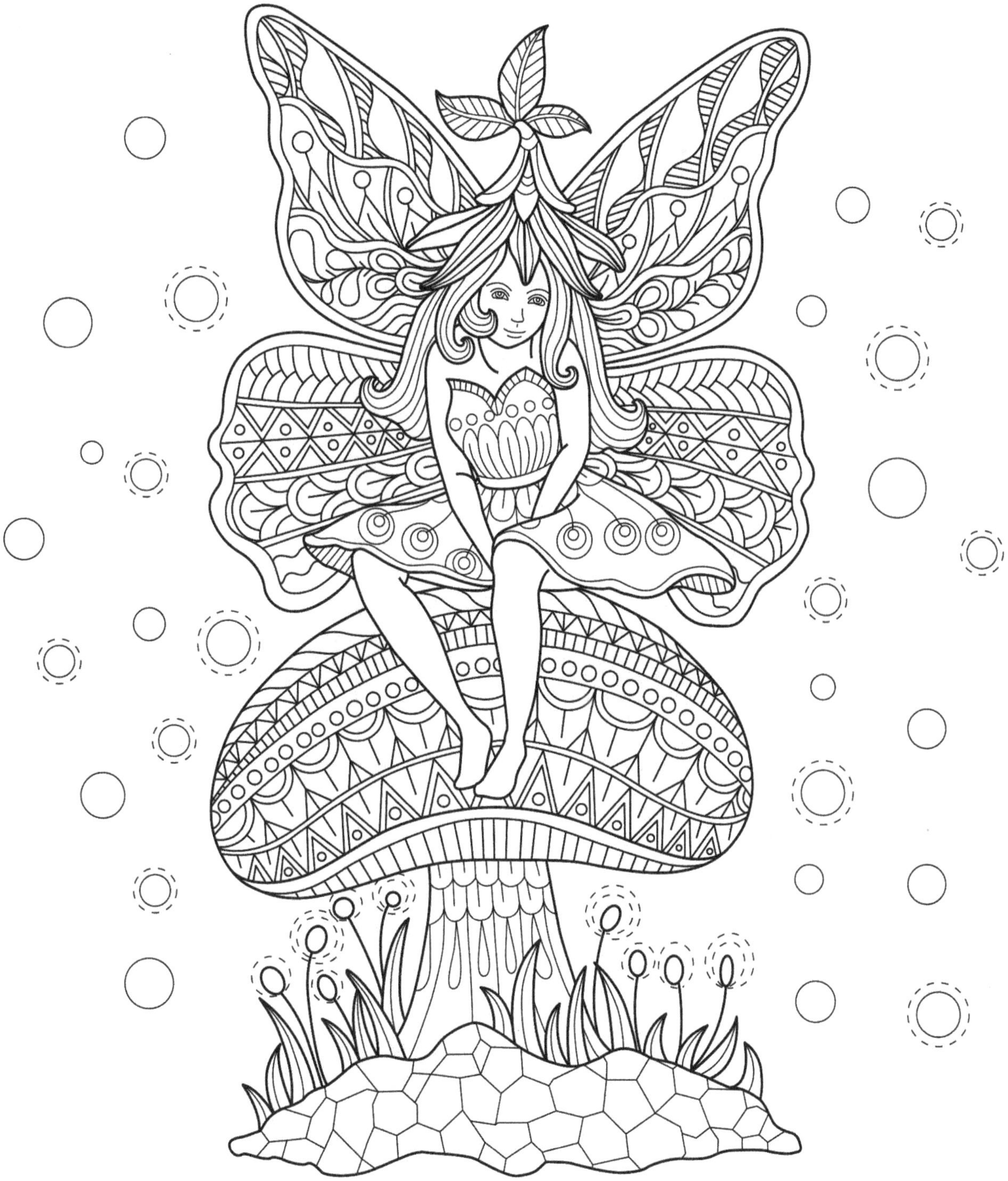

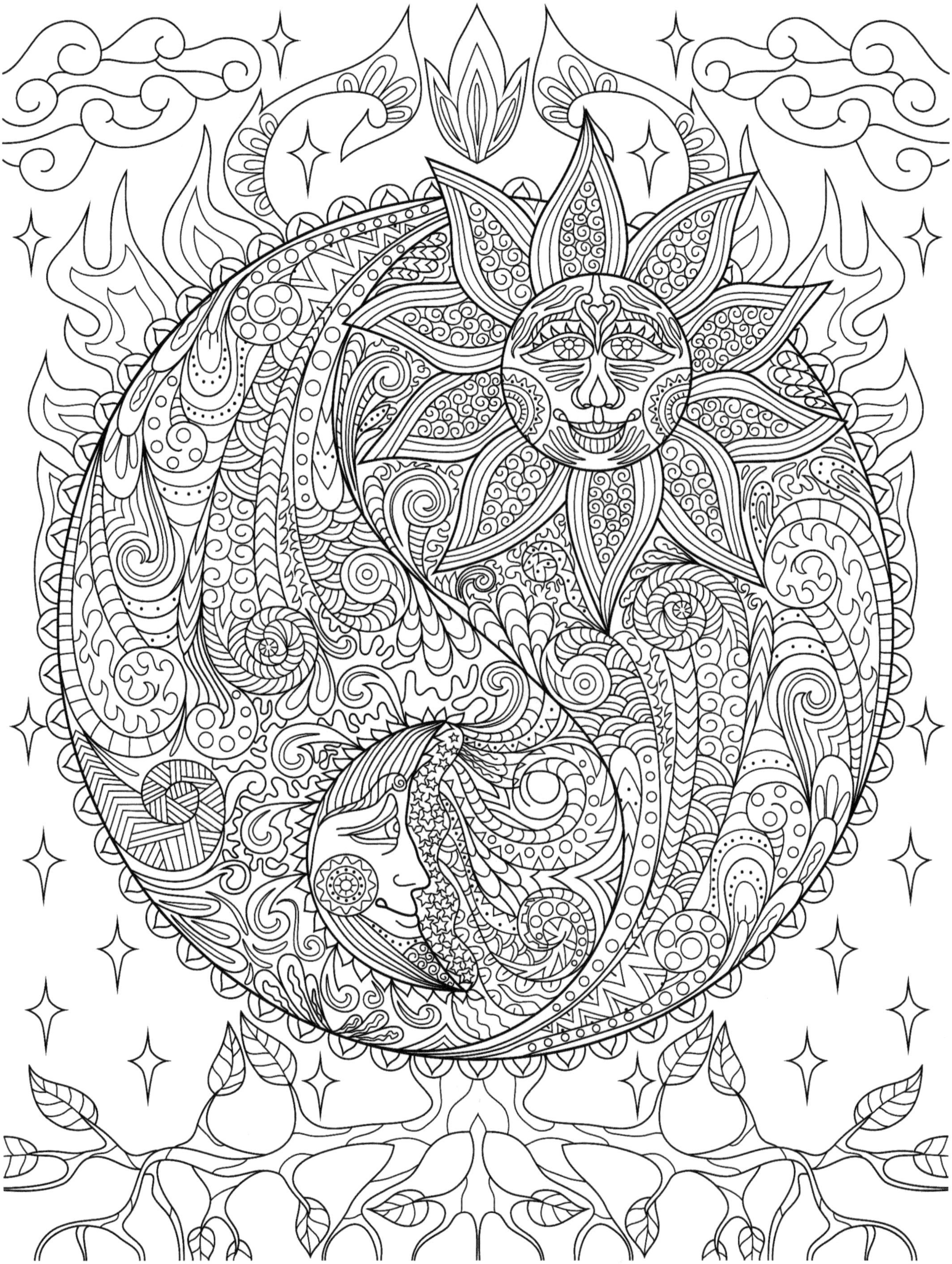

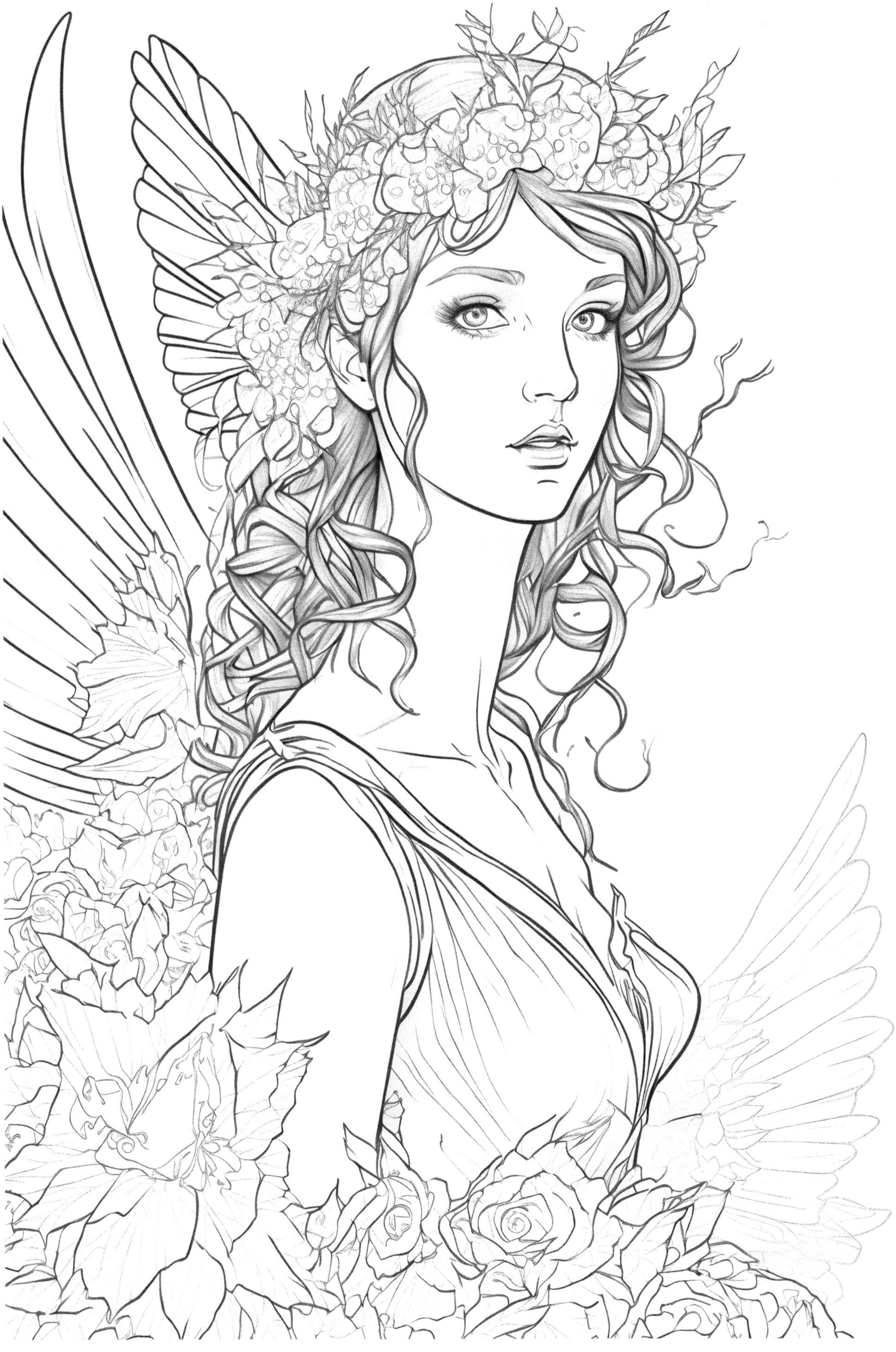

CPSIA information can be obtained
at www.ICGtesting.com
Printed in the USA
LVHW060517240723
752989LV00007B/172

9 798211 288614